回到生命的喜馬拉雅

王文靜 著

Journey Back to the Himalayas Within

suncolor 三采文化

PHOTO / Amit kg / Shutterstock.com

下榻在世界最高飯店，步行在喜馬拉雅山區。PHOTO / IBS菩薩寺 *p.113*

搭直升機降落在海拔5500公尺，背後是世界最高峰。
PHOTO / 品味私塾 *p.106*

俯瞰高山杜鵑森林。PHOTO / Aaditya Chand / Shutterstock.com *p.83*

由上至下，從最高海拔4000公尺的亮黃杜鵑，至低海拔的粉紅、更低海拔2000公尺的大紅色。

最上：PHOTO / IBS菩薩寺 *p.112*

下二：PHOTO / 品味私塾 *p.80*

健行路上，遇見喜馬拉雅山區的曬野菜村婦。
PHOTO / 品味私塾 *p.86*

喜馬拉雅山區的古隆族80歲、即興起舞的奶奶。PHOTO / 品味私塾 *p.82*

加德滿都，古城千年建築，混著民居。PHOTO / 品味私塾 *p.49*

佛陀誕生地藍毗尼園，考古工程仍在進行。PHOTO / Ekkapob / Shutterstock.com *p.128*

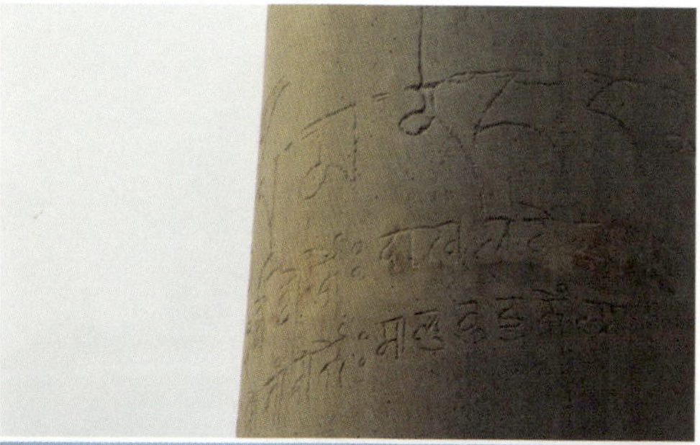

（由上而下）
這阿育王柱上的文字， 確立藍毗尼是佛陀的誕生地。
PHOTO / 品味私塾 *p.129*
藍毗尼濕地，棲息世界最高大的飛鳥、「易危物種」赤頸鶴。PHOTO / 品味私塾 *p.125*
發現佛陀誕生石的考古學家巴森塔教授（右） PHOTO / 品味私塾 *p.129*

小沙彌宗濟睏了，縮在光師父身旁睡著。PHOTO / IBS菩薩寺 *p.162*

冬夜，作者與光師父、葉師姐在菩薩寺煮臘八粥。PHOTO / IBS菩薩寺 *p.309*

目錄

作者序　福分，不該獨有　21

靜

第一章

山中旅行　26
啟程，加德滿都——一切唯心造　28
山國首都　加德滿都　31
山國的外來和尚　39
山國的三座皇城　46

第二章

尋山，高山杜鵑——解脫，是將內心的框框打掉 58

喜馬拉雅山，世上最偉大的學校 61
安納布爾納峰的神祕銀月 69
住在杜鵑森林山村 78
花謝之後 89
世界最強傭兵 95
下榻世界最高飯店 102

第三章

佛陀誕生地——看破它，不是捨棄它，是你接受它 118

世界遺產 藍毗尼 121
王子的繁華如夢，苦與樂 128
玄奘、唐三藏、大唐西域記 136

光

山中對話 144

第四章 一個醫生的緣滅，一個和尚的緣起——好的如幻如化，不好的也是如幻如化 150

私生子的菜市場童年 153

美國歲月的逃學青少年 165

我的兩個父親 175

我要出家 186

開始菩薩寺 197

八年校勘 三度閉關 204

飄洋尼泊爾 213

第五章 生命的六十八問——剛剛好是大智慧 222

智慧1 給追求成功的你：「金錢不是壞東西，將財富視爲唯一，才是問題。」 225

智慧2 給聰明如鋒的你：「允許『慢』，等待因緣成熟就是要慢、要耐得住。」 236

智慧3 給生活富裕的你：「富貴之人是盲人，看不到生命的全貌。」 244

智慧4　被情緒綁住的你：「練習慈悲，慈悲就是同理心。」　253
智慧5　給需要勇氣的你：「勇敢是自我肯定，對內、也對外。對外是方法與目標的信心，對內是對自己的信心。」　266
智慧6　被執著所苦的你：「真正的放下，不是放棄一切，而是捨離內心對一切的執著。」　274
智慧7　給剛硬不屈的你：「柔軟會把因緣建立起來、經營得更好。」　283

歸

第六章

生命源頭　292
回到台灣——快樂的種子來自你的心　298
凌晨四點的第一口臘八粥　301
我的喜馬拉雅古缽　312

作者序

福分，不該獨有

二〇二四年夏天的一趟旅行，醞釀出這本書。飛去安地斯山（Cordillera de los Andes）[1]前，我臨時決定朝聖喜馬拉雅山，為規劃的「一生必去大旅行」踩線。沒想到，發生寫書的因緣。

我曾經半途而廢三本書。第三本書撰寫時，還曾經跑到南部寺院住了兩個月，結果還在第一章第一節，蝸牛行進。最後，束之高閣。

長年寫專欄，外人以為，我拿筆不難。其實，誤會大了。寫一篇與寫一本書，大大不同。寫作過程，對我是痛苦的，是無數無盡的焦慮。

提筆的第一天，我其實忐忑，會不會有第四本「半途而廢」的不良記

1　安地斯山脈約有七千公里長，起於委內瑞拉，橫跨七國，延伸到阿根廷，通往南極海域的烏蘇懷亞。

錄？這次，日常工作依然忙碌，還飛了三趟長距離旅行，但咬牙埋首。

北極回來後，已是冬天，我進入緊鑼密鼓的寫作。書桌前，堆著十幾本參考書籍，還有十九個龍眼籽構成一片森林的小盆栽。與小陶盆的盆身相比，森林稍高，我拿出剪刀降低高度。於是，龍眼森林展現新生機，一暝大一寸，從冒出米粒般、褐綠色小葉開始，一星期後就能昂然。

拿起剪刀，修剪龍眼森林是苦中的寄情。我每天起床的第一件事，就先看看「小森林」，然後才是打開iPad。

最後衝刺時，連從不中輟的重訓健身，我都告假。好多夜晚，筆耕至凌晨，分不清楚是今晚，還是今晨。倦了，就躺在沙發上小眠，不太敢進臥室的床。

在許多猶豫中，微微前進。書過一半，思路慢慢清晰、篤定。我試圖以電影腳本方式構建出兩條故事軸線：喜馬拉雅山國旅行，遇見一位外國和尚的對話。

隆冬，深夜十一點五十分，終於、終於、終於完成書稿最後一篇。夜半獨坐，我深情看了相伴的龍眼森林。闔上iPad的那刻，我真想衝到外面放煙火。

「今天能來到這裡，是經歷一段精彩的旅程和難以置信的一戰，但一切都是值得。(It's been an amazing journey and incredible fight to be here today, but I think it's been worth it.)」──影后 楊紫瓊

書已完成，我竟依依不捨。眷戀難得獨處，只有文字、沉思與安靜。

謝謝光師父，謝謝促成這本書的葉本殊師姐。沒有他們，這本書極可能半途而廢。他們兩位也是此書的最早讀者，當他們不約而同地說，讀完後，淚水盈眶。我懸宕的心，才落下。

喜馬拉雅山是一趟腳的旅行，更是心的旅行。全世界最高的山峰都在這裡，如果地球沒有喜馬拉雅，最高處只在六千公尺。喜馬拉雅是卓越的，也是無情的，能在此生存下來的，不論是人或植物，甚至昆蟲，都歷經幾千萬年的蛻變。

輝映到內心，每個人的生命，也有一座喜馬拉雅。谷底與高峰，起起伏伏，執著與困頓，苦與樂。呼應到封面設計：「以特殊感光油墨，讓黑暗走入陽光後的色彩變化，山峰由雪白變成金黃。」這不正是生命？

我走在喜馬拉雅山時，不時看到生命狀態，也不斷想著：快樂是什麼？生命要追求什麼？於是，在「山中旅行」後，與光師父「山中對話」生命的七大智慧。

這本書，我要獻給在喜馬拉雅山相遇的小沙彌們。他們的童真與苦難，教導我人生最珍貴的一堂課，惜福感恩。我們何其有幸，在一個生氣盎然的國度。

我也要獻給菩薩寺的光師父與葉師姐：「謝謝你們。未來，在貧窮國度興建沙彌學院之路，何其漫長。」

我將捐出一半版稅，希望小沙彌們在無風雨的童年，快樂長大。雖然，我們不生活在同樣土地、沒有相同的膚色，但愛，不該有太多的條件。光師父已發心走在前，不該孤獨行走。

寫出這個決定，我是猶豫的，深怕沽名釣譽之議，但或能拋磚引玉，我忐忑地放下顧忌。

我不是有錢人，但我是有福之人。福分不該獨有。

靜 山中旅行

第一章

啟程，加德滿都

一切唯心造

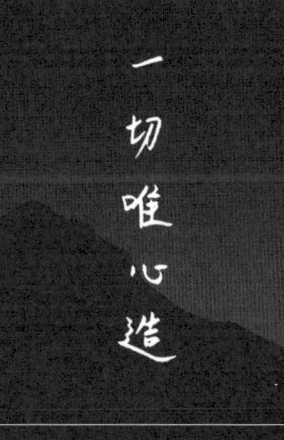

山國首都 加德滿都

初夏午夜，抵達加德滿都的機場。夜深，機場未眠。

這是佛陀誕生國度，也是喜馬拉雅山國度，我有些期待，這十四天旅程的發生。但摩托車與行人橫衝直撞，加上五月的暑氣，讓我煩躁、嫌棄，像落不了地的浮萍。

電線桿上，糾結著龐大的黑色電線球，好像蜘蛛精吐出來的幾百條電線，讓人提心吊膽電線桿支撐不住。怎麼搞成這樣啊，沒人管事嗎？大坨的黑線球主宰整座城市的明暗，難怪，加德滿都驟然斷電是尋常，蠟燭不時復出的夜晚也是尋常。

高速公路上，男人大搖大擺地踩著大鋼絲輪的腳踏車，與汽車並行。

我睜大眼睛適應這座城市的突兀，追問司機：「這真的是高速公路嗎？」一場大雨，所有的移動都像被點了穴道般，停滯了，輕而易舉地狼狽不堪。

灰濛空氣，是舊車排放廢氣與寺廟焚燒的勾結。挺諷刺地，這個沒有重工業的農業國，空氣汙染嚴重。其實，之前的加德滿都不是這樣。

一九九六～二〇〇六年，數十萬的尼泊爾人逃避共產黨毛派的游擊隊，從鄉間湧入首都。毛派從鄉村包圍，一度掌控尼泊爾近二分之一土地。大量的人潮、違建，讓加德滿都承載不了。於是，過去的美好，七千公尺的雪白高峰清楚地映著古剎，蒼翠欲滴的山谷，只留在老一輩人的殘缺記憶。

少見高樓的天際線，混雜其間的兩千五百座寺廟，有兩千七百三十三個神。神住在世界遺產的古皇宮，神也住在菜市場。

神廟裡，有肥肥的老鼠，像剛甦醒的貴婦大搖大擺吃著人們剛奉上的供品。人們低頭膜拜，拜誰呢？神明，還是代替神明用餐的老鼠？我探頭，脖子伸得長長的，看不到神，只看到張狂的老鼠與人們的默許。

人、神、老鼠共生的城市。

高速公路上蹦出的腳踏車，市區無所不在的印度廟與老鼠，電線桿上的「亂髮」，穿著色彩鮮豔紗麗的女人，一座「想現代化卻跨不過去」的城市，也像一個「想長大卻大不了」的人。

我想起那座讓我落荒而逃的城市，印度恆河畔——瓦拉納西（Varanasi）。它是「印度教的耶路撒冷」，但據路爲王的流浪牛，讓喜馬拉雅冰川流下來，卻變成全世界「汙染最嚴重的五條河之一」。街道旁，堆放一桶桶待售的新鮮牛奶，應是剛從農村而來，卻由成群黑頭蒼蠅先品嚐。

人、神、畜、蠅共生的城市。

在漂流死屍的恆河上，同時有人洗澡、喝水。印度人相信，火化後的骨灰灑入恆河就能超脫輪迴的厄運，在瓦拉納西的恆河畔沐浴後可洗去罪孽，因此一輩子都要到此朝聖一次，甚至到此等死。

在瓦拉納西有一座日夜不停火的火葬場，堆疊許多木材，燃著火紅與黑煙。隱藏在巷弄間的，有「等死旅館」。幾年前，我慕名而去但一到就很不舒服，沒有病痛，沒有理由，中邪似的。

來到加德滿都，我莫名地想起那一天。

加德滿都與恆河也有淵源，它有一條聖河巴格馬提（Bagmati）位於恆河上游。源自喜馬拉雅山的它，抵達加德滿都之前清澈無比，穿過森林、灌溉稻田，但難敵首都的垃圾，丕變爲尼泊爾汙染最嚴重的河流。

煩躁、嫌棄，讓我像落不了地的浮萍，蹬著蹬著，奮力地想把根系往土地鑽，卻觸不到。我警覺到，身體的每個細胞是豎立的警備狀態。爲何煩躁？細胞爲何緊繃？加德滿都的混亂，還是我的心吸納混亂？

心是什麼，摸不到卻牽引各種情緒，或焦慮或憤怒，或喜悅或安詳。同樣的境地，同樣的加德滿都，每個人的心情南轅北轍。我無法理解，爲何有條不紊、街道乾淨的日本人竟然喜歡加德滿都？搭了一天飛機疲了，沒力氣想，先好好睡一覺吧。

晨光輕拂，窗外摩托車、三輪車聲……城市醒了。每座城市，有各自的起床號。

我準備步行到加德滿都的阿山街（Asan Tole）老市場。下樓後左轉，有一座印度老廟，再走幾步又是一座。清早的印度廟有人喔，尼泊爾人早上的第一件事去寺廟祭拜，然後在額頭點上硃砂。

賣魚肉、胖茄子、新鮮胡椒粒等繽紛香料、大鍋黑油炸麵糰……鑽入市場，彷彿走入當地人的胃。一堆矮塑膠椅圍圈的「露天早餐攤」，食客是穿拖鞋的中年男人，中間的女人坐在矮凳上現煮紅茶。

擁擠中有一片綠，一位阿婆坐在娑羅樹（Sal tree）葉堆，快速地縫製葉碗[2]，這是當地人真實使用的餐具。用葉子當碗，我真沒想到，這是二十一世紀的亞洲社會。地球好大，大到人們各有不同時代的鐘，過著不同時代

2　原產於南亞半島的娑羅樹，樹葉不似芭蕉葉大片，但經過巧手棉線串縫就可製作各種尺寸的碗。因爲成本低廉，這種樹葉碗在印度街頭的小吃、祭拜儀式也可見。

的生活，有些地區仍滯留在百年前的農業社會。尼泊爾沒有什麼工業，寧願緩慢，緩慢地在喜馬拉雅山腳下。

「寧願」或「無所謂」？我還不知道該如何措辭。

一隻小鸚鵡，跳躍在葉子上巡邏。人來人往，牠乖乖的，沒繫，但不飛走，好似阿婆的一歲孫女。有一位小女孩路過，伸出手，鸚鵡就跳上去跟她玩，不怕生。鸚鵡是高智商的鳥，能有兩歲孩童的情感。我也伸出手。欸！小傢伙好奇我腕上的佛珠，啄起來。太萌了，小嘴不鬆口。

阿婆的攤位旁，一座印度神廟擠在其中，髒髒油膩的。人們買買菜，也拜拜神。由此延伸出的一條街通往古皇城。

五百年前的加德滿都谷地有三個國家，因此有三座皇城。古蹟與城市零距離，人們生活在古蹟中，呼吸在古蹟中，一如羅馬人。

朝氣蓬勃的阿山街，是農業社會的庶民日常。

這裡有七成的勞動人口務農，農業社會的人們，敬天。在虔誠的信仰中也有水果的角色，譬如女人一生要嫁三次，第一次就是嫁給叫木橘（Aegle marmelos）[3]的水果。木橘是神的化身，果實長久保存不腐壞，意味女性長保生育能力。她們的婚姻有正式的儀式，小女孩穿上傳統新娘服，雙腳和額頭會塗上紅色染料，象徵從此已婚。儀式後用餐，但不能吃木橘，否則女孩就會成爲寡婦。

喜馬拉雅山腳下的尼泊爾，山中之國，是地球上的另一個小世界。這個小世界，「貧瘠、峻嶺、宗教」構成獨特，升起我許多疑問。

來之前，菩薩寺的葉師姐說：「在尼泊爾菩薩沙彌學院跟著光師父的這幾年，看起來好像吃盡苦頭，但是不知爲什麼，雪山總是一直看著你微笑。若是你來一趟，一定會讓你找到一直都住在心中的那尊小佛。」

而我真來了，人生的許多「第一次」將在這裡發生。

3 木橘在歐洲也有，我在葡萄牙健行，看過樹上累累的它。直接吃太酸，歐洲人把它做成果醬。同樣水果，兩種命運。在尼泊爾是神，在葡萄牙是果醬。

山國的外來和尚

雖然尼泊爾是佛教的發源地，但現在印度教當道，佛寺已不多。

離開加德滿都市區，半小時車程，我來到山坡上的菩薩寺。一下車，看到十幾歲的沙彌們在山坡兩旁等客人，最小的宗濟才五歲，跟著沙彌們唱歌，撒出金黃澄澄的萬壽菊。世間若有天籟，應該是此時所聽到，這群尼泊爾沙彌唱的是中文。

迎賓人群中間，是來自台灣的慧光法師與維摩舍執行長葉本殊。與葉師姐認識在先，總是微微笑的她，本是一位獸醫，護持佛教多年後，如今二十四小時投入。

這天是第一次見到光師父，十年前移居加德滿都，從荒蕪開始興辦沙彌學院。乍看如羅漢的外貌，讓我一時不知該用英文還是中文對話。一身灰袍，膚色黝黑，是來自非洲的黑，他有美國非裔血統。不笑時像陷入長思，眉宇有些憂愁與嚴肅；笑起來的寬嘴，是台灣人少有的。

他是美國人，也是台灣人。父親是美國黑人大兵，當年到台灣結識他的母親。世俗說法，他是私生子。然後被阿嬤帶在菜市場、浮游在社會底層。後來，隨母親移民美國。

人生翻轉，在美國的大學主修生物科系，本來要繼續醫科。當人生否極泰來，邁向康莊，他做了兩個大逆轉的選擇。

「在畢業前夕，他放棄在美國執業醫生的路，遁入空門。為何？」

「在富裕之島台灣多年後，他決定到亞洲最貧窮的國度。為何？」

亞洲最窮的國度之一，尼泊爾，兩千六百年前是佛陀的國，這是光師父的發願初心。立足所在的加德滿都，也有佛教傳奇。傳說以前這是一個大湖，文殊菩薩的化身來到這裡時，發覺湖中有座各種寶石佛的塔，如果湖水消失，塔可以顯露出來，於是文殊菩薩切出一缺口，讓湖水流走，加德滿都成爲一座盆地。佛陀誕生國，文殊菩薩走過之境，因何如此貧窮？

偏遠的尼泊爾山區，有很多貧困、失親的孤兒。沒有資源的光師父來了，定居下來。

「哪來的勇氣？」光師父說：「將『我』變小一些，勇氣就會大一些。」

山坡上的佛寺，就是他來到後興建的。不是黃瓦飛簷，外觀是清水模，從頂層佛堂走出是大露台，俯瞰加德滿都。佛寺旁邊，正大興土木的沙彌學院工程，怪手在挖地基。每天早上六點三十分，沙彌做早課時，工人也開始上工，一邊是梵唄，一邊是工程的機械聲。

走路微跛的他，我問：「怎麼了？」葉師姐說，有一次在巡視工程時跌倒，腳趾骨裂。石膏拆下後，仍有後遺症。「怎麼不根治？」師父一笑，笑容是無奈。尼泊爾的事情不斷，他無法專心治療，久了也就習慣了。

菩薩沙彌學院原本設定只招收十歲以上的孩子。兩年前，五歲的宗全被憂苦的父親帶來，光師父破例收了。生活還無法自理的他，沒有媽媽，爸爸也離開，要活下來就必須在這個陌生環境自立自強。怯生生的宗全，學習如何穿僧衣與繫鞋帶、洗自己的衣服，有時等吃飯還打盹。漸漸地，他習慣這個「家」，也終於笑了，會去敲老師的房門讓老師抱抱。

小宗全跟老師說，他不喜歡上課，只喜歡坐在老師的辦公室。尼泊爾有一百二十三種語言，就算都是尼泊爾人，老師也是費很大勁才了解小宗全說的話。

該怎麼教五歲的孩子規矩？有一天，小宗全違規三次，被學長處罰不能吃午飯，被帶到光師父那裡。沒想到，師父一句話也沒說，就將自己的食物餵給宗全。

愛，沒有一定的樣子。

接著，更小的宗濟也來了。龍眼般的大眼，慧黠得像黑夜獨留的星星，讓人忍不住想掐一下他的臉頰。這年齡應該是換上幼兒園圍兜，但他沒有。住在山區的他，父親亡故，母親四肢殘障弱智，小小年紀只能行乞度日。貧瘠的尼泊爾山區，不乏這樣的孩子。

沙彌學院這樣的小小孩已有十多位，因為日常生活不能自理，老師多了很多辛苦，住宿空間也不夠。大家阻止師父，不能再收人了，等建好第二棟樓再說。

光師父含淚哽咽：「他都已經在受苦流浪了，可以等嗎？」

他們來了，該怎麼教育？

日常，五點起床，跟公雞一起叫醒太陽。光師父要求每位沙彌都要輪流司不同的法器，背熟課誦的經文。進入學院三個月，五歲的宗全到七歲的宗澈、宗和，經過薰陶，雖然還跟不上早課的《普門品》和晚課的《金剛經》，但是相較於剛從村莊來的樣子，也有了莊嚴。

學院的地板有些髒，五歲的小沙彌還主動拿起比他高一倍的拖把，要幫忙清潔。大人們到千年古寺清洗佛塔，小沙彌也跟著洗。

他們會清洗自己的衣服，也會拿起針線縫補，甚至能到廚房磨豆漿、做壽司與泡菜。蘿蔔收成季節時，他們會曬成蘿蔔乾。

孩子們慢慢地改變，就像蓬生於麻中，不扶而直。即便是野草，生長在麻田，自然會挺直，端正自己。

光師父對社會底層的人特別有感。沒有坎坷過，很難理解光師父，這是「一個醫生的緣滅，一個和尚的緣起」。他帶領一群人在異地發此大願。有人堅持，有人放棄，很多時候是停滯不前。

有一天，葉師姐看著鬢髮漸白的光師父，彎著腰爲小沙彌剃髮授衣缽具，不禁落淚：「這一路實在太艱難了。」但是光師父仍然堅定地前行。「道路孤獨，阻礙重重，他義無反顧。「此生若做不完，來生繼續。」

我看過幾次光師父的哽咽。淚在眼眶，被他用力地忍著噙著，甚至能感受到無聲的抽搐。外貌威嚴的他，內心極柔軟，也脆弱，近似詩人的多愁。詩人與眼前的羅漢，明明是兩個世界的人，我怎會有此連結或直覺？

我猜想，光師父的童年波濤遠遠大於言語所述。

我湧出很多情緒，一時不知如何消化。幾天後，到佛陀故鄉藍毗尼(Lumbini)時，我想再多聊聊光師父的故事，為何他要放棄名利？也聊人生「財富、權力與名氣」的追求。

為何人，花一輩子在追逐名利，追到了，還要再追高？像籠子裡的土撥鼠。追不到，苦；追到，也未必開心。從名利巔峰跌落後，更是慘。

名利，到底是一個什麼「東西」？不要追求的人生，是否好些？

太陽下山了。站在大露台，加德滿都萬家燈火，一盞燈火，一個故事。黑夜，掩蓋加德滿都的醜，但掩蓋不了苦。

也想起這句話：「在這世界上，只要有一盞燈就有一點的光明，兩盞燈光明就再多一些。如果每一個人都是一盞燈，這世界就充滿大光明。」

山國的三座皇城

離開菩薩寺的隔日，我隨光師父去帕坦（Patan）講一部近千年佛經。帕坦，也在加德滿都谷地，位於恆河上游。古城始於西元前三世紀，印度國王——阿育王到此宣揚佛教後，帕坦建了很多佛寺，被視為「世界上最古老的佛教城」之一。這時，歐洲的法國、英國還在野蠻階段，基督教還沒成為主流。中國，還在周朝時期，還沒統一。

下了車，我步行走入帕坦，因為車不許進入。目的地是有九百年歷史的黃金廟，一座比台灣歷史還久的寺廟，它的正式名字是「金大佛寺」。黃金廟的屋頂是鎏金，主尊是金子打造的釋迦牟尼佛，寺院是黃澄澄的金屬感。

這裡也供奉佛祖舍利。主殿庭院的四個角落，立著抱榴槤銅猴子。受印度教影響，雖是佛寺但與印度廟很像，不太能立即分辨。我到南傳佛教古國緬甸，並沒這種混淆感。

要請出的近千年佛經是《般若經》，用黃金墨水書寫的古梵文本。「般若」是梵文，代表智慧。修智慧斷煩惱，智慧是一切的根本。

還沒有紙張的古早，南亞民族是將經書寫在一種棕櫚樹葉上，叫做貝多羅葉（Pattra）。人們蒸煮葉子、曬乾、磨光、裁切，再撰寫。寫完後，再塗上防蠹的肉桂油，能千年不壞。

有些博物館會收藏南亞的「貝葉經」。最早的一部是在兩千年前的古印度，有鑒於發生過戰亂，僧團擔心經典會流失，於是五百位長老會集，透過問答，將「口傳時期」的佛教經典寫在貝多羅葉上，穿孔固定成書。佛法的保存從此進入「貝葉經時期」，然後才是「印刷時期」。

角落裡熏香裊裊，微微燭火，盤坐著幾位尼泊爾的尼瓦爾族人（Newars）。這部貝葉經被請出，我跟在光師父與葉師姐旁，笨拙地頂禮，接手古經。

第一次接觸到近千年古物，一落厚厚的在我手上，腦袋閃出近千年的地球大事、戰爭，多少風雲，多少權傾一時的人興起、消失，經書竟然如初。怎麼辦到？

這座廟宇由一個尼瓦爾家族管理，不只黃金廟，尼泊爾的廟多是家廟，代代傳下去。

此時的黃金廟已擠滿人。人太多，我感覺窒息，好像吸不到氧氣，又焦躁了。我慢慢覺察到，自己不是能在擁擠與吵雜中安定的人。

請出古經後，光師父帶著沙彌們到二樓誦經，我出去透透氣。

古城內，錯身而過、穿著紗麗的女人，眉心都有一點紅，這是習慣。紅色的蠟塗在神像的手背腳背，也點在眉心，祈求一天好運。不少人清晨就徒步，一家一家繞廟。

尼泊爾人對神祇有極大的依賴，近乎不可思議。有一則新聞，某家神廟漏水，人們竟然耳語說這是「神水」，爭相去喝。廟方趕緊阻止，水不能喝啊，這是冷氣機壞了的滴水。

宗教是他們的日常。無所事事也是日常嗎？涼亭裡聚著蹺腳聊天的男人，與同樣無所事事的鴿群。

古城千年建築，混著民居。在這座露天博物館，一側是古皇宮群，另一側是廟宇群。多種風格建築比鄰著，「尼泊爾建築藝術奇蹟」的印度教黑天神廟(Krishna Mandir)是地標。

十七世紀時，傳說馬拉國王夢見黑天神顯靈，他是「印度教三大主神之一」毗濕奴神[4]的第八個化身，而下令建廟。七層樓高的石砌寺廟，被二十一個尖塔環繞，層層而上，象徵印度教神話的宇宙之山。神廟石雕是印度的兩大史詩裡的故事，栩栩如生的神鳥、神獸。

不只石砌黑天神廟精彩，尼泊爾傳統的木造「尼瓦爾式建築」更是世界獨一。尼瓦爾，就是尼瓦爾人，出過世界最傑出的匠師。

最古老的帕坦舊王宮，就是典型的尼瓦爾建築。我原本是漫不經心地逛到這裡，忽然被每一檐柱的雕刻吸引，眼睛像長鏡頭拉入特寫，雙腳像生根的榕樹拔不起來。

旅行世界，我沒有在任何一個國家，見過更撼動人的木雕建築。它不是一個木雕，而是整座建築，甚至是建築群。在微小中，木門與檐柱傳神地展現出華麗繁複，除了用「稀世珍品」，我實在想不出其他形容。我闖入一個藝術天堂，猴王哈奴曼神像、鎏金銅蛇雕像水龍頭、水池壁鑲嵌八十六塊石雕神像的皇家浴池……離開黃金廟時的焦躁全然消散。

尼泊爾的強烈反差，讓我著實錯亂。世界級的髒亂，世界級的藝術之都，都在這裡。

我正站在誕生過世界最傑出的木匠與金匠之地。掌握絕學的當地人，曾經人人以修建寺廟爲生，讓加德滿都所有的寺廟都成爲藝術品，七百年前甚至輸出工匠到中國。

中國現存最早、最大的藏式佛塔北京白塔，就是尼泊爾人在元朝建的，建築師是被忽必烈帶到中國的阿尼哥。現在從加德滿都到中國邊境的一條公路，命名爲阿尼哥公路。

這裡，不只有千年建築，而是一座仍保留古老生活的城市。譬如，每年「最長的節慶」，從一千年前，老祖宗就會把春天的「雨神」紅觀音請出遊街，祈求風調雨順。出發前，先殺一頭母牛血祭，然後持續數月的節慶。紅觀音在佛教和印度教都是神聖的，同行會有另一尊觀世音菩薩。改

4 印度教的前身是婆羅門教，世界最古老的宗教，佛教興起後一度沒落。後來，吸收佛教精神，轉化爲今印度教。印度教三大主神：有四個頭的「創造神」梵天是宇宙之王，有三隻眼的「毀滅神」濕婆，「守護神」毗濕奴。保護神會化身成不同形象維護宇宙秩序，消滅邪惡，其化身包括魚、龜、野豬、黑天……。尼泊爾國王被認爲是毗濕奴的化身。

變的是，現代的紅觀音改乘特製的大車遊街。

帕坦，與其他兩座古皇城共同被列入聯合國的世界文化遺產。沒來之前，我覺得奇怪，一座首都爲何在五百年前是三個分裂的國家？

馬拉（Malla）是一個古老部落，在尼泊爾西部建立王國。「馬拉」在尼泊爾語的意思是「摔跤手」。據說國王喜歡摔跤，有一天，在玩摔跤時兒子出生了，就在兒子的名字加上「馬拉」。此後的國王們也都在名字後面加上它，王朝名字由此而來。

馬拉王國逐步向加德滿都谷地挺進，十四世紀初成爲馬拉王朝。這是尼泊爾歷史很重要的朝代，統一文字、確立宗教信仰，也與西藏、蒙古、中亞交流，形成文化大熔爐。

但一百五十年後，傑出的亞克希・馬拉國王死後，三個兒子各據一方，分裂出加德滿都、巴德崗（Bhadgaon）和帕坦三個王國。分裂期間，他們爲了爭奪神的寵愛，競賽修建神廟，讓建築藝術達到頂峰，意外地產生尼泊爾史上的文化鼎盛、世界最精彩的建築遺產。

這矛盾，也諷刺。本質上，三兄弟什麼都競爭。在神之前，爭奪寵愛；在皇權之前，他們爭王；在商業利益之前，爭奪商路。兄弟鬩牆，兵戎相見。但誰也滅不了誰，各自偏安，就在內耗不斷下，被外人滅了。

鷸蚌相爭，給了「漁翁」可乘之機。十八世紀中葉，在慶祝童女神節之際，廓爾喀國王進攻，三兄弟的王國陸續失守，馬拉王朝滅亡。

尼泊爾分裂的國土，再度統一，建立在不和睦的兄弟之爭。新政權是廓爾喀王族，就是半世紀後，以最強的軍人聞名於世的廓爾喀傭兵。

離開帕坦，天又黑了。想著一個首都的三座皇城，三個國家，這樣的故事很熟悉。過去我在採訪時屢屢見到商場上家族之爭。家族之爭、國家內鬥；個人、家族、企業、政黨、國家，千絲萬縷，但發生的事多相像啊，說到底竟是同一個道理。

這個道理，這個智慧，在這部近千年貝葉經上，有嗎？難道，和平不是人類本性？難道，人的本性是嫉妒與權力？

光師父說：「嗔恨的心容易生起怨恨、厭惡及嫉妒，一個人的慈悲就會被毒害。」

是啊，嗔恨的心是人的大功課，很多煩惱由此而起。有權力、成爲人上人，並沒讓人有智慧。三兄弟亡國了，留下讓人唏嘘的三座古城。如果早知會走向亡國，他們會按捺嗔恨嗎？

撇開情仇，我好奇兄弟的藝術較勁成果。走過帕坦後，當然不能錯過另外的古城。擇日，我去了稍遠的巴德崗古城。同樣的時代氣質，各自精彩，也真是不可思議，一個在夾縫中生存的山中之國，竟能產生如此多傑出的藝術家。甚至說，當時整個城市的男人都是建築師。

羅馬，不是一天造成。加德滿都，也不是。

返程大雨，在千瘡百孔的泥濘道路、動輒癱瘓的城市，乾脆睡一覺。這個念頭很自然，但在尼泊爾就顯天真了，在不時會被彈起的車上，睡著很有難度。我被徹底打敗，輸了。秒能入睡的我，竟然敗在尼泊爾的顛簸馬路。我的嫌棄，慢慢變成無奈。

當「電線桿上會糾結著龐大的黑色電線球，在高速公路上看到腳踏車，在車水馬龍間耍賴的牛隻」是日常的時候，接受，日子會好過很多。

接受？但為何要忍受混亂？尼泊爾建校過程吃盡苦頭，光師父在緩慢與克難生活中領悟：「當你沒辦法改變環境時，只能先調整自己的心。」

心，該怎麼調整？在開不到盡頭的塞車中，我又煩躁了。心好像在跳探戈，進與退間反反覆覆。唉，這座混亂的城市，我的脾氣快暴衝。

猛一下，我被彈起，頭撞上車頂。這種脫序，心能怎麼安定自若？怎能不起怨？顛簸間，想起富家子弟出家的弘一法師，他如何在吃下鹹得難以入口的鹹菜時，還能自若地說出：「鹹有鹹味，淡有淡味？」

隔天，我要離開烏煙瘴氣的加德滿都，飛去「七湖之城」波卡拉（Pokhara），爬喜馬拉雅山。教科書裡的偉大山脈，將要在我腳下。太興奮了，回到飯店甜甜入睡，感謝老天爺，我的人生，好像總能心想事成。

第二章——尋山，高山杜鵑

解脫，
是將內心的
框框打掉

喜馬拉雅山，世上最偉大的學校

結束加德滿都的四晚後，我到喜馬拉雅山高山健行，須飛往山城——波卡拉。若不搭飛機，也能搭車，大約是台北到台中的山路距離，但不塞車至少五個小時。

山路沿線，散落著簡陋的房子與梯田，山民辛苦地活著，也霸道地活著，占據部分公共廁所和吊橋，索要過路費。沒有政府嗎？說他們是土匪，太殘酷了，但該怎麼說呢？收成貧瘠，靠老天爺賞飯。如果老天爺不賞飯，來了天災，大雨崩塌，什麼都沒有了，也不會有人聞問。

顛顛簸簸的道路，骨頭快散掉，我徹底投降，完全不敢選擇搭車。飛機降落在波卡拉機場。走出後，我有些意外，竟然比加德滿都乾淨、清爽、安靜多了，簡直是另一個國家。我理解了，基本上，尼泊爾是「一個國家，「兩個世界」：加德滿都是擠滿人的一個世界，首都以外是另一世界。我離開第一個世界，現在來到另一個世界。我喜歡這個世界的尼泊爾。

被稱爲「七湖之城」，波卡拉的湖泊很多。我住在費娃湖畔（Phewa Lake）的魚尾小屋（Fish Tail Lodge），車子開不到，必須划舟進入。

在碼頭，我登上沒有馬達的小舟，船夫搖著槳，小舟半陷半浮於湖。人與湖很親近，像被包覆在母親子宮內的嬰孩。這不是矯情的表演，而是尼泊爾的本色，我差一點忘了，這是還在使用葉子碗的社會。

船到彼岸碼頭，樹林間的魚尾小屋。

爲何取名「魚尾」？當地人指著湖的彼端，有一座不到七千公尺的山，遠望如魚之尾。在高峰林立的喜馬拉雅山，不到八千公尺，根本不值得一提。既然如此，魚尾峰（Machhapuchare）爲何大名鼎鼎？因爲在尼泊爾人心中，這是印度教濕婆神住的聖山。聖山也是神山，目前「尚無人攻頂過的山」，也明令禁止攀登。

在尼泊爾，有很多的無所謂，造成秩序混亂，但面對天地與神祇，就有很多的「有所謂」，不能碰觸的紅線禁忌。即便在未被禁止前的年代，一九五七年，有一支外國隊伍攀登魚尾峰，但他們的挑戰在峰頂前就止步，尊重當地的信仰，不「玷汙」峰頂。

在喜馬拉雅山群，六千九百九十三公尺的魚尾峰像站在兩百公分高個子中打籃球，但真必須爲它申冤。如果是在亞洲之外，它可就是第一高峰。它比亞洲之外的第一高峰阿空加瓜山(Aconcagua)[5]，高了三十二公尺。季節對的時候，魚尾峰的雪山景色會倒映湖心，尤其在夕陽下。這是

5 各大洲的最高峰：亞洲，聖母峰（海拔八千八百四十九公尺）。美洲，阿空加瓜山（海拔六千九百六十一公尺）。非洲，吉利馬札羅山（海拔五千八百九十五公尺）。歐洲，俄羅斯的厄爾布魯士峰（海拔五千六百四十二公尺）或瑞士白朗峰（海拔四千八百零八公尺）。南極洲，文森山（海拔四千八百九十二公尺）。

飯店名稱由來，也是獨特之處。當年英國皇室查爾斯還是王子時，到訪波卡拉就是住這裡。如今查爾斯已是國王，可以想見這是有歷史的飯店。

查爾斯三度造訪尼泊爾，第一次是參加尼泊爾國王的加冕，可見英國皇室與尼泊爾的關係。這裡有幾分英國殖民風，殖民風不講究精緻，但混著幾許當地與歐洲情調，我喜歡這種歲月感。這裡讓我想起伊莉莎白二世住過的樹頂飯店（Treetops Lodge）[6]，在非洲肯亞，以蓋在樹上的木屋而聞名。

我終於來到被譽爲「地球的第三極地」[7]的泛喜馬拉雅山區。感覺，很不真實。想像身歷其境於侏羅紀公園的電影裡，你會覺得，這是真的嗎？

Himālaya是梵文「雪之寓所」，因山頂終年被雪覆蓋而得名。所以當地經常會說著：雪山、雪山，這不是泛稱，而是專指喜馬拉雅山。

喜馬拉雅不只有聖母峰，有超過七十座的山峰，一峰比一峰高，世界最高的山峰群都在這裡、就在這裡，被比喻爲「地球的第三極地」，最低溫曾測到攝氏零下六十度，比北極都寒。

因此，在別處，山是綠的；在這裡，山是白的。這些雪白，讓喜馬拉雅冰層成爲地球第三大冰雪沉積區，是僅次於南北極以外最多的地區。這些雪白，融化後流下山成爲恆河、雅魯藏布江等十幾條大河，成爲亞洲主要水系的發源地，餵養十九億人，也孕育世界的古文明。

在印度教，喜馬拉雅被人格化爲雪山神，在古印度史詩《摩訶婆羅多》(*Mahabharata*) 提到祂統治著喜馬拉雅王國。雪山神的老婆是仙女，兒子是唯一還有翅膀的山神。祂的兩個女兒，大女兒雪山神女是濕婆神的妻子。翻譯成白話，印度教最重要的神祇是喜馬拉雅山的女婿。祂的另一女兒是恆河女神。這座大山與這條大河，透過宗教呼應彼此。

地球有這麼多山，但爲何在這裡孕育出「世界屋脊」？

6 查爾斯的母親伊莉莎白二世住過。她入住時是公主，但隔天父王過世，變成女王。「上樹是公主，下樹是女王」。

7 因爲是地球最高點，而被喻爲南極與北極之外的第三極地。

時間倒退到五千萬年前。這裡有一片史前海洋，如今已消失，原因是兩塊大陸的宇宙級大碰撞。

從南半球剝離後在海洋漂移的印度板塊，大約在恐龍滅絕後，碰撞到歐亞大陸板塊。驚天動地，史前海洋被擠掉，隆起高山。海洋的消失，證據留在高山。考古發現，在世界最高的喜馬拉雅山脈出現海裡的鸚鵡螺、珊瑚、貝類化石。還有人在這昔日海洋看到另一個生態遺跡，紫色陸蟹。

這段地球史，另一種化石也證明：在喜馬拉雅山上發現已滅絕的舌羊齒屬化石，高達八公尺、像香蕉葉的遠古蕨類，它原本是生長於南半球的低窪地帶。不只如此，還從化石發現非洲動物。

多麼奇妙的前世！喜馬拉雅高山上，看到南半球的遠古蕨，看到海洋，還看到非洲長頸鹿與河馬。

如實的地球史，就是變、變、變，不斷天翻地覆的過程。深海能消失，隆起爲峻嶺，在喜馬拉雅山下，人渺小如塵土。

這個心情，我到南極時曾有過。南極的冬天酷冷，冷到人類無法定居，而能保有地球遠古狀態。身在一望無際的天地雪白，極冷與極靜。剎那，人變得好小，小如螻蟻，或一粒塵。握有再大權力者在那當下不慎落入冰海，就像一根針，根本不起波瀾。

人，總是把自己看得太重要了，相較於更大的存在。

喜馬拉雅山的不斷隆起，也在河流切出許多深淵峽谷。

我正置身在「世上最偉大的一所學校」，喜馬拉雅山教授世上任何一間教室都授不了的三堂課：滄海桑田，世間無常；山納百川，包容萬物；陡峭嚴峻，也是力量。高山的無常、高山的包容、高山的嚴峻，都是它。

喜馬拉雅山脈長兩千五百公里，總面積比英國大，也比德國大，約當這兩個國家的相加。我這次的健行路線在泛喜馬拉雅山的中部，準備好登山裝備，明天要開始三天兩夜的高山健行了。

五月，高山杜鵑已落盡，睡前跟佛菩薩說了悄悄話：「希望能看到最後一朵。」

安納布爾納峰的神祕銀月

三天高山健行——首日
海拔：一千五百公尺
距離：陡上兩公里
下榻：烏勒里山村（Ulleri）

又是一路的顛簸，在尼泊爾，「無顛不成路」。窗外，梯田上的玉米結實了，中年牧人握著一枝長棍蹲在山崖，幾十頭的牛窩在山溪打盹。犛牛嗎？略略分散我的注意力。

兩個小時後，吉普車在蒂赫杜加山村（Tikhedhunga）停下。「Bye-

Bye。」接下來的路，交給我的雙腿了。三天高山健行，從海拔一千五百公尺起，第三天到三千二百公尺的普恩山（Poon Hill）後，折返與吉普車會合。入山後，如果走不動，無法耍賴，沒人能救的。

喜馬拉雅山的八千公尺高峰群，最親民的健行路線是到世界第十高的安納布爾納峰（Annapurna，梵語意謂「豐收」。海拔八千零九十一公尺）基地營，慣稱ABC（Annapurna Base Camp）。有人稱是「世界二十條殿堂級徒步路線」的榜首，也是全世界唯一圍繞八千公尺雪山路線。

人類第一次攀登上八千公尺山峰，就是安納布爾納峰[8]。光聽這些形容，就精神奕奕，馬力十足。普恩山則是ABC路線的最前哨段。

出發前，當我跟旁人說：「我要去爬喜馬拉雅山！」聽者的眼神露出「景仰」。我立刻補充，喜馬拉雅山很大、很大、很大，強調三次後，接著說：「除了八千八百四十九公尺的聖母峰，還有山腰。我此生沒本事登聖母峰，但至少還能到喜馬拉雅山沾個邊。」我的朋友都是都市族，我稍稍好些，走過安地斯山的印加古道、葡萄牙路段的朝聖之路，在喜馬拉雅山腰健行應該還行。

這趟的重頭戲，是第二天下午的高山杜鵑森林。千元尼泊爾紙鈔上就有高山杜鵑，它是尼泊爾國花。這片森林的高山杜鵑，與台灣都市常見的低矮灌木杜鵑，完全兩碼事。高山杜鵑是超過十公尺高的喬木，杜鵑的原生樣貌是這樣子的，它所形成的原始森林會是何等景象？

我在合歡山見過高山杜鵑，美極了，很期盼能親自走入它的原鄉，就列入「一生必去大旅行」清單。行前，請教走過的朋友，與合歡山的差異？

8　一九五〇年，法國人莫里斯．安德烈．雷蒙．赫佐格（Maurice André Raymond Herzog）領導的探險隊，在沒使用補充氧氣下，創下人類首次登上八千公尺山峰的紀錄，這座山就是安納布爾納峰。下山時嚴重凍傷，導致壞疽，他不但失去腳趾，還失去大部分的手指。之後寫下《勇登奇峰第一人》一書，他說：「人的生命中，還有其他安納布爾納。」鼓勵人們勇於挑戰生命。三年後，人類才登上世界第一高峰聖母峰。

朋友不屑地回覆：「欸，怎麼把螞蟻跟大象相比？」我……閉嘴了。

起走前，我先往下走到河谷，找地方午餐。

路過一位手握彎刀的女人，如武林高手俐落地刀起刀落，劈完成堆木柴，柵欄裡的幾頭牛悠閒地嚼著牧草。居民倚山務農，飼養綿羊與犛牛。山間歲月，在牛隻的悠閒，也在女人的黝黑皮膚。

繞過女人與牛隻，走入聚落，這裡的民房或是藍色鐵皮屋頂或漆藍牆，天空藍混著鏽鐵褐色，全然不同於希臘小島的藍白浪漫，也不同於全然土磚的民宅。

找到一家客棧。我入境隨俗，點了饃饃（Momo），從西藏傳過來的餃子。它混入當地香料，內餡比較澀，被有些大陸人譏諷是「帶餡饅頭」，是尼泊爾國民食物（我本來想寫國民「美食」，但衷心說，尼泊爾實在沒有美食）。尼泊爾的部分地區交織著西藏文化，反映在沿路的藍色屋頂民居，反映在飲食。

尼泊爾與古西藏（吐蕃）都是山國，兩邊有許多古商道。尼泊爾還曾經被授權幫西藏古國鑄造西藏貨幣，世界上最厲害的高山嚮導——雪巴人，祖先也來自西藏。喜馬拉雅山脈有許多藏族佛教的聖地，健行沿路，隨處繫著五色風馬旗，彷彿身處西藏。

在二〇〇八年之前，喜馬拉雅山脈還有一個古西藏王國木斯塘（Mustang），十四世紀就存在的「國中有國」保有失傳的古西藏文化，因此被稱爲「西藏之外的西藏」。如今國滅，國王被罷黜，舊王國成爲尼泊爾的一個縣。

用餐時，噹噹噹，一對父子牽了掛鈴鐺的馬匹過來，詢問稍後是否需要馬？想了想，我點點頭。

這個海拔不會有高山症，但陡升兩公里的石階對我是挑戰。走過溪底吊橋，告別揹大竹簍野菜的女人，逐漸遠離村落，一路拾階而上。看不到盡頭的高山石階，抬頭還是看不到盡頭，輕嘆一聲，我乾脆低頭走路。

走了半公里，好累，舉步維艱，感覺腿不是自己的。我跟自己說：「上馬吧！」在馬伕的協助下，我蹬上馬背。馬兒才走幾步，沒路用的我就顫抖求饒。

「怎麼了？」

「怕馬摔下山，牠每走一步石階，我就神經緊繃。」

「這是矮種馬，不高啊。」

但我沒有騎馬的福氣，認命走吧。

一路上，偶有山羊，不知道是山上人家畜養的還是野地的，還有紅花已落盡的高山杜鵑。這個海拔的高山杜鵑是正紅色的，比較俗麗，不同於較高海拔的粉桃。

一路沒碰到什麼登山者，五月，已是這條山路的淡季，路上的茶屋都關門。下個月，雨季就來了。尼泊爾基本上沒有明顯的四季，區別是雨季與乾季。一旦雨季，經常洪水成災，所有停擺，國際觀光客也不會來。

好不容易，走到一家沒關門的茶屋，屁股如千斤重，立刻坐下大休息。半露天的棚子，簡單的幾張桌椅，還有一個販售飲料的老冰箱。屋後養著牲畜，這裡應該也是主人的住家。

回頭看，走了好長一段路，山腳下的吊橋與溪谷，對山的午膳村落。小有成就，應該快到了。山風輕輕，好愜意，如果不趕路多好啊，但必須趁天黑前趕到今晚的山屋。起身吧！

終於、終於、終於抵達晚上的村落，海拔兩千公尺的烏勒里。一屁股坐在石階上，毫無疑問，這就是天堂！真是搞笑，放著家裡舒服的被窩不睡，跑到山上找苦，累了半死，一身汗臭，還說這裡是天堂。

馬伕父子告別我們下山。兒子使勁拉馬前行，但馬不理會，看起來是認男主人。他們家就在剛才的山徑上。今天學校放假，八歲的兒子跟著父親出門，這樣的放假日在尼泊爾挺多，今天也說不清楚是什麼原因，反正放假。

「學校遠嗎？」就在我中午下車的蒂赫杜加。「這麼遠！」兩公里下到河谷，再爬上山，每天這樣來回。我剛才走得腿快廢了，竟是小馬伕的日常。佩服了，山上的孩子。

夕陽，快下山了。

天氣不錯，太陽從安納布爾納峰的雪白山巔打出金邊，像舞台的背投影燈光。雪山鑲金邊，是很多名家攝影的鏡頭掠影。沒多久，天色便全黑。只留幾聲狗吠的寂靜山村，幸好，有山屋廚房的炒菜聲，提醒著，這裡還是有人跡。

初夜有點像在等待，等待山邊月升。沒有都市光害的月夜，無比銀亮，勾勒出黑山輪廓。黑山與銀月，這樣的山夜，有些神祕，有些醞釀，好像會有一個神話人物蹦出來。沒有微醺，我是不是想太多了？

這樣的月亮，就是從前、從前的月亮，簡單的美。簡單的美，源自簡單生活。這對於此刻的我有些遠、有些陌生，亦有些期盼。

想起光師父的話：「當你面對境界複雜時，要讓自己的心簡單。愈單純，愈能讓複雜清朗。」當時聽的時候，只是順手筆記下來，山中的月夜讓念頭清朗了。

喜馬拉雅山村喚醒生活的本來樣貌。今晚的山屋，有來自世界各地的登山客。「爲什麼到尼泊爾？」在安逸的都市裡，厭倦物質生活，想逃離？想追尋，而往這座山走？

深山的寧靜，加德滿都的吵雜，兩者都是飄著雙三角國旗的尼泊爾，一個國家的兩個世界。

太累了，我連移動到床邊都吃力，以至於無暇理會山屋的簡陋。明天是一整天的健行。

住在杜鵑森林山村

三天高山健行——第二日
海拔：兩千公尺到兩千九百公尺
距離：九點五公里
下榻：被杜鵑森林包圍的戈雷帕尼山村（Ghorepani）

今天要走九點五公里，雖然路程長，但比起昨天的上坡強度，我比較不擔心體力。尤其，很期待下午將穿越的杜鵑森林。

多年前，山居友人帶我去合歡山谷[9]，一睹高山被杜鵑盤據的盛況，整個山頭杜鵑怒放，樹樹相連的花海，真是最美的台灣春天！美在隱世的震撼，美在寧靜中的不可思議，美在完全誤會了杜鵑，以爲全天下的杜鵑都像路邊矮矮的模樣。

都市的杜鵑是「日本移民」來的矮種。我真是膚淺了，高山杜鵑姿態萬千，樹梢的一個枝頭開出二十朵花，貴氣如牡丹！

見過高山杜鵑，很難不感動。十九世紀最傑出的英國植物學家小胡克（Joseph Dalton Hooker），在大吉嶺寫下所見的狂喜：「十二公尺高的大樹，深綠色的葉子有零點三至零點四公尺長，葉背面銀色……一團團的花朵燦爛耀眼，我未見過比銀杜鵑盛放花朵的枝椏更美麗的杜鵑了。」

高山杜鵑，冰河時期撤退至喜馬拉雅山，在不同海拔演化更多花色與樹形。沒有三兩三的本事，誰能屹立在喜馬拉雅山，還稱霸森林？在下雪

9 台灣的高山，多雨冷涼適於杜鵑。擁有十七種原生杜鵑屬植物，其中十三種爲特有種。也就是說，台灣原生杜鵑有百分之七十五爲台灣特有種，地球其他地方看不到，台灣限定。

的高山上，條件嚴峻，這樣的它，生命力強韌。它不但能在酸鹼值很低的酸性土壤發芽，還能長在土壤薄的山巔或岩石縫隙的不毛之地。其他植物放棄，待不下去，杜鵑大肆擴張，如入無人之境。

因爲，給它什麼環境，它就那樣活。

寒冬來臨時，即便降雪，它除了讓葉片變厚、再加上蠟層，就是穿了羽絨衣外，再加上防水雨衣。更有意思的是，它不落葉。

在土壤貧瘠之境，每年重新長葉，太耗能量。於是，它讓葉片垂頭喪氣如喪家犬般，但其實下垂後葉片彼此靠近，形成微型保暖層，類似羽毛捲曲，降低凍傷風險。

太厲害的生存演化！真是「最懂得如何與雪共處」的高海拔開花植物。

這樣的它，柔軟。

高山杜鵑的英文Rhododendron，意思是開紅花的「樹」，Rhodo是薔薇色的，Dendron指樹。但它豈止紅色？我們無法用高度、顏色、花形去定義杜鵑。它能高挺，但於風勢嚴峻的山坡，也能匍匐生長；杜鵑的花形有漏斗、鐘狀、碟形……葉子有大有小，有橢圓有長形……。它有著千變萬化的彈性，環境如何，它就如何。

這樣的它，懂得找「外援部隊」。

在貧瘠土地，養分不足怎麼辦？它與特定的菌根菌合作，它們會包覆杜鵑的根部，有食腐的能力，分解土壤的有機物給杜鵑。有一種菌根菌很專一，獨愛杜鵑，名字叫「杜鵑類菌根菌」。杜鵑類菌根菌提升杜鵑抵抗逆境能力，杜鵑也回報它，提供光合作用的醣類。它們「以物易物」，唇齒相依地共生。在人類還沒在地球出現時，杜鵑與真菌已經是好朋友。

不只如此，杜鵑近千種，多半是有毒，在三千公尺海拔處開黃花的亮黃杜鵑（*Rhododendron luteum*）最是毒。很奇特，它還吸引世界體型最大的喜馬拉雅巨型蜜蜂（*Apis laboriosa*）來採蜜，產生致命的「瘋狂蜂蜜」。人們吃了過量的巨蜂野蜜，嚴重的會身亡；但適量，就有天堂的迷幻感，感到與神靈合一，興奮到手舞足蹈。很多人趨之若鶩，於是，在尼泊爾喜馬拉雅杜鵑森林山區的一支古老民族（古隆族Gurung），吊繩索，隻身懸壁在離地百公尺的岩壁採集巨蜂野蜜。

能在喜馬拉雅山屹立的，必須不凡。美麗的高山杜鵑，藏著最狠的武器，不只人類，羊吃了它也會中毒。因此中國古名不叫杜鵑，叫「羊躑躅」。但千萬別責怪它毒，這是高山杜鵑保護自己的生存智慧。它在地球的生存史，是遠久於人類。

五億年前，第一批植物開始從海洋登陸。嚴酷淘汰賽，多數已出局，杜鵑不但活下來，而且整個族群擴大到全世界有將近千種，成為地球勢力最龐大的三大花卉家族之一。

沒有腳、住在深山的杜鵑花，都能透過演化與冰河危機等各種方式散布到全世界，比有腳能移動的人類還了不起。我想起，光師父聊過現代人逞強的毛病。其實，最大的智慧，莫過於柔軟。

「天下柔軟莫過於水，而攻堅強者莫之能勝，其無以易之，故柔勝剛，弱勝強。」

喜馬拉雅山是一所偉大的學校，用高山杜鵑說智慧：它從貧瘠展現堅韌、彈性與柔軟、找外援、毒化自己。

飯後，繼續登山。

山溪奔流，不知不覺走入高山杜鵑森林，一如所料，花已盡落。不久之前，這些巨木還滿樹紅。雖知這是季末末末……癡癡地想，能否「最後一株高山杜鵑」，能否……？一株，也好。很遺憾，沒能目睹數千朵盛開於一株的美，沒能看到它們在雪山前的滿山映紅。

如若不執著，總有意外的收穫。

一株株旱地拔起，歷經風霜的滄桑樹皮，姿態萬千如張牙舞爪的老舞者。每株有數百歲，這裡有幾十萬株吧？沒有花，純然的高昂綠意，姿態被凸顯。

這是一座都是高山杜鵑的森林博物館，沒有兩株是相同姿態，每株巨木的每個扭動都是獨特。「它爲何會跨度這麼大地橫生到山路？競爭陽光？或是旁邊來了一株『流氓』？」我的腳被黏住了，定定地注視它的鬼斧神工。悸動，在我與樹之間。

然而，在全世界最壯闊、最嚴峻的山區，看到杜鵑森林，誰能夠不震撼、不癡傻？同行的高山嚮導被我的癡傻給影響，走過這條路無數次，他也只是經過。

因爲生長環境的嚴峻，以前，得見高山杜鵑之美的人不多，十九世紀，英國最偉大的植物學家小胡克算是最早見過的歐洲人。

一八四八年底，他從錫金(Sikkim)[10]進入。在無路處前行，湍急的峽谷，搖搖欲墜的吊橋，不時坍方的谷壁。冬天來了，情況更惡劣，山谷瞬間會從陽光變成暴雨或大雪。濕漉漉的森林，不可能找乾柴生火。頭疼欲裂的高山症襲來，會致命的。

想要有一個好眠，都是奢侈。每晚，他在帳篷裡，就著微弱的燭光寫日記或繪製地圖時，會有不少「不速之客」：找食物的藏犬、好奇的犛牛，以至於身邊要放一個三角凳防身。

在極度排外之境，他與友人甚至被綁架。相對於小胡克當時的荊棘重重，我們這三天的健行，真是不能相提地輕鬆。

一八五一年，蒐集到許許多多杜鵑品種的小胡克回到了英國。他把杜鵑帶離原生地——從泛喜馬拉雅山，帶至英國。在那時之前，歐洲是沒見過杜鵑的。因爲橫亙的中亞沙漠，氣候乾燥，讓喜歡濕涼的杜鵑沒有散播過去。

小胡克改變一切。

10 錫金位在喜馬拉雅山南麓，北接中國，東是不丹，西是尼泊爾。它曾是世襲君主國，附屬於英屬印度，一九七五年廢除君主制，並加入印度成爲第二十二個邦：錫金邦。

他的《喜馬拉雅山日誌》（*Himalayan Journals or Notes of a Naturalist*），和華萊士（Alfred Russel Wallace）的《馬來群島自然考察記》（*The Malay Archipelago*）、達爾文（Charles Darwin）的《小獵犬號航海記》（*Voyage of the Beagle*）並列爲探索科學奧祕之旅的黃金時代三大著作。他的著作引發人們的嚮往，複製異域風景的時尚興起，人們造園模仿杜鵑森林和喜馬拉雅山山谷，英國掀起杜鵑風潮。

走了九點五公里，抵達第二晚落腳處，海拔兩千九百公尺的戈雷帕尼村（Ghorepani）。Ghoda（馬）和Pani（水），尼泊爾語「馬停下來喝水的村子」，一個古代驛站，位於西藏和尼泊爾之間的商道途中。這個山村，比昨晚的大很多。

這是被原始杜鵑森林包圍的村子，分爲上村與下村。走進下村，看到兩位婦人蹲在地上，用木棍在打巴掌大的野菜，打啊打，要把葉汁打出來，以便日曬成菜乾，存糧、煮湯。口感像台灣的福菜乾。

這野菜是這季節特有的，路邊山坡可見。有的人家剛摘下，有的人家已在院子曝曬。山村不大，我沿著石板路往上走，錯落人家與牲畜，打菜聲打破山村寧靜。

往上村走的山邊草叢，隱身著山上人家餐桌上的野菜。野生植物本就是古時人類的食物初始，後來有些被馴化而大量人工種植。譬如，原本有毒、小如黃豆的馬鈴薯，被南美洲印加人馴化；本來只有少少果粒的大芻草，在一萬年前在墨西哥被馴化。

走到比較熱鬧的上村，有很多給登山客入住的山屋，還有一家販賣英文舊書與老電影DVD的店鋪。在海拔近三千公尺的山上，還能看到這樣的商店。

今晚，我將入眠在這座被高山杜鵑森林擁抱的山村。明早四點，就要起床。

花謝之後

三天高山健行——第三日
海拔：兩千九百至三千兩百至八百公尺
晨起，登普恩山，賞雪山日出(步行來回二點八公里)。
早餐後，步行四公里下山。

半夜四點，黑黑的夜，起床。

要步行一點四公里到普恩山頂看日出，每幢山屋湧出人群，窸窸窣窣，變成登山的長龍，打著頭燈前行到三千兩百公尺的山頂。

睡意仍濃，我每步抬腿都像在喊小孩起床。漆黑，什麼也看不到，心裡嘟噥：「怎麼這麼遠？怎麼還沒到？」走了一個小時，還是冷，但終於到了。

天色微亮，山頂平台上的小店鋪，賣熱茶的老闆更早時候已將一桶桶飲料扛上山。日日如此，無法長夜好眠的人生。店鋪的招牌不知道是誰寫的，把英文「歡迎」拆開成爲二字：WEL COME，我笑醒了。我想起來，昨天走入村子的「歡迎」也是這麼認認真真寫的，WEL-COME。

生意挺好，人們擠上前，人手一個鋼杯暖身體。然後巴巴地等，伸頭張望遠山。「有日出嗎？」雲層濃厚霧濛濛，看來今天的機率不大。有些懊惱，唉，兩聲輕嘆。第一嘆，眼前一排、峰峰相連的世界最高峰奇景，就是看不到。真想跳過去，把這些濃霧撥開。第二嘆，日出看得還不夠嗎？摸黑跑來湊熱鬧。

既然來了，跟著人群排隊，與標高「海拔三千兩百公尺」合影，這是三天健行的最高點。這舉動也是無聊，我到安地斯山的四千三百公尺，好像也沒認真拍過照。

天亮了，隨人群下山。沮喪下行，沒看到日出，兩旁是已落花的高山杜鵑，一無所獲的早晨。沿路走，沿路嘆。

就在靠近山屋時，「置身喜馬拉雅山區，怎有在台灣高山的熟悉？」我看到一些相似的植物，突然發現台灣「山海圳」長距離步道[11]常見的天南星，花苞像紫色海芋。隱身在草叢中，一株、二株、三株……一路都是。這是泛喜馬拉雅山啊！

幾年前，我在海拔兩千公尺的阿里山的柳杉林夜遊。「天這麼黑，一片二十公尺高的柳杉在森林裡站夜哨，真要走進去嗎？」就在那裡，我第一次見到蓬萊天南星。好美，彷彿一支小巧的藝術裂傘，每一葉片末端都掛著一條長鬚尾巴。長鬍子的葉子！生平第一次看到。

一九一五年，日本學者早田文藏在阿里山二萬坪首次發現它，當時並

11 山海圳綠道，是第一條以「綠道」爲名的長距離步道，也是一條從台江內海走到台灣第一高峰玉山的文化路徑，串連山海，適合步行、騎單車、搭渡輪或巴士等多元方式來體驗歷史與自然環境。

沒辨別出它的稀有。七十年後，東京大學邑田仁教授驗明這是新的特有物種，取名爲「蓬萊天南星」。它的梗分岔，一梗是葉，一梗是花。

他鄉遇故知，我興奮地傳訊息給「山海圳」的規劃者李嘉智老師。他回說：「其實，台灣的高山與喜馬拉雅山的高山環境是類同的。」

過去讀到「台灣曾是喜馬拉雅山的一部分嗎？」，此時竟置身在現場，從台灣高山到泛喜馬拉雅山，那種不該如此像，卻又實實在在相像，說不出來該怎麼解釋的熟悉。

一個世紀前，日本的學者就有此感：「當我登上玉山或是台灣其他高山，仔細觀察台灣高山特異的地質構造與地形，觀察森林帶的垂直配置、高山杜鵑，以及其他的高山野花、鳥類和蝶類，不免想起喜馬拉雅山系的地質、地形與生物相，覺得彼此有共同的……造化之神竟然在南海之上創造一座微形的喜馬拉雅山。」——鹿野忠雄，《山、雲與蕃人》。

台灣曾是喜馬拉雅山的一部分嗎？或者，發生過什麼事？

約兩百六十萬年前，台灣海峽曾露出，讓東亞大陸與台灣島相連。當時，在喜馬拉雅山的部分植物趁全球降溫，擴張棲地，一路向東遷徙。有些來到台灣，台灣高山的寒冷環境，讓它們定居下來。

原來，台灣的高山是植物傳播的中途驛站。

回到山屋，還是冷，餐廳的巨大火爐，暖和了空間。來自四方的登山客也沒那麼多禮數了，掛起一件件衣褲與襪子，繞著大火爐，像是藏族的五色風馬旗。早餐後，大家各奔路程，有人繼續往安納布爾納峰基地營，有人下山了。我們約好了吉普車，在步行四公里後上車。

從海拔兩千九百公尺下行，穿過戈雷帕尼的民居，重走昨天上山的路。步履輕鬆了，我再度穿越高山杜鵑森林。

這世間怎會有這麼活靈活現的森林，有舞者的姿態，有巨人的霸氣，我在台灣高山還沒見過這般雄偉，「朝聖之路」的橡樹林、「世界盡頭」烏蘇懷亞的冰河孑遺[12]三毛櫸森林都未見如此。人說「密林養直，疏林養態」，樹種得很密，每一株就會像站衛兵地筆直，如果要讓它們有個性就不能太密。大自然的大學問，我小小的腦容量真希望能多懂得其中奧祕。

最後一里的轉彎。「快到吉普車接駁點了。」

轉彎處，一株高山杜鵑，粗壯枝幹上驚見粉紅。看、看到了，我驚叫：「粉紅高山杜鵑！」怎麼會？同樣的山徑，來的時候，滿心期待，眼珠子都快掉出來，還沒看到。說再見時，不抱希望時，曙光卻露。「我看到今年最後一朵高山杜鵑！」

我是不是該去買彩券？這是運氣，還是緣分，太奇妙了。就這麼狹窄的路，又沒隱身術，怎麼可能昨天上山沒看到，今天就冒出來？

別當偵探了。千言萬語，感謝老天爺，花謝之後還有驚喜。

12　子遺在古生物學和生物地理學中，指的是某一地質年代普遍或多樣化的生物群，而後幾乎滅絕，現今只殘存個別族群。子遺的物種稱爲子遺種，生物則稱爲子遺生物。

世界最強傭兵

四公里後，告別高山杜鵑森林，坐上接駁的吉普車，又是一路顛簸，回波卡拉。

在車上，高山嚮導聊起住在喜馬拉雅山的人。這幾天在山村看到的人們，與世無爭、世世代代住在被高山杜鵑包圍的村子，隨四季生活，摘野菜養牲畜。每天眼前是世界上最雄偉的山嶺，最壯麗的日出日落。

現實生活的另一面是，孩子上學，要走到好遠的地方；生病時的就醫，都不敢多想。在更深的山裡，有些地方是一妻多夫；沒錢娶老婆，一個女人同時嫁給幾位兄弟，一起養育孩子。還有的山裡，賣小孩的風氣盛行，一個不到千元台幣就被帶走。說穿了，就是窮困。

這麼窮的地方，出路在哪？

有兩個「世界之最」，扣著這座山：

世界最強傭兵，廓爾喀（Gurkha）兵團。

史上最強的高山攀爬者，包辦上聖母峰的紀錄者。

位在喜馬拉雅山腳下的波卡拉，「出產」世界最強傭兵——廓爾喀兵團。廓爾喀兵團有多「殺」？

窮困山區的人們，在一場戰敗後，找到一個出路。

十九世紀初，尼泊爾王國的廓爾喀戰士進攻英國屬地。「日不落帝國」英國花兩年才平息這場「對手人數不到自己一半」的戰爭。寧死不屈的廓爾喀戰士讓英人留下深刻的印象，戰後，開始招募廓爾喀兵，直至今日，在英國部隊都有廓爾喀兵編制。

他們驍勇善戰且忠誠，座右銘是：「活著的懦夫，比英勇戰死可悲得多。」他們被形容爲「來自尼泊爾的深山鬼魅」，英國人以高待遇延攬。

這群平均只有一百六十公分高的戰士，能在八小時的體力測驗中，揹二十五公斤沙包限時跑完五公里上坡路。他們還有一把很厲害的廓爾喀彎刀！它是尼泊爾國刀，尼泊爾舊國徽上就有它，短兵相接時，殺氣震懾無數敵人，即便現代部隊，它依舊在訓練項目中，被稱爲「世界最強砍刀」。

兩次的世界大戰、英國與阿根廷的福克蘭群島戰役，都有廓爾喀兵爲英國出生入死，這也就是爲何查爾斯國王會三度到尼泊爾。而他的母親伊莉莎白女王兩度到尼泊爾，都是向廓爾喀軍人致謝。至今，英軍仍留有廓爾喀傭兵旅，英國境內還有一座紀念廓爾喀傭兵的博物館。

不凡的喜馬拉雅山，孕育不凡的山民。

不只有世界最強傭兵，還有世界最厲害的高山嚮導——雪巴人。沒有他們，人們登不了聖母峰。三個世界紀錄是他們締造：「最早」登上聖母峰的、登上聖母峰次數「最多」的和「最快」攻頂的，都是雪巴人！

一般登山者需四天攻頂聖母峰，但雪巴人巴布．奇里（Babu Chiri）不需一天，只用了十六小時五十六分鐘就創紀錄登頂，而且不帶氧氣瓶。還有一個神人——尼泊爾雪巴人卡米·瑞塔(Kami Rita Sherpa)打破世界紀錄，第三十次登頂聖母峰！二〇二四年五月很誇張，非常誇張、超級誇張，他第二十九次登上聖母峰，創世界紀錄。幾天後，又第三十次登上頂，再度創世界紀錄。連鳥都飛不太過去的地方，他如神一般。

當然，最知名的雪巴人是丹增·諾蓋(Tenzing Norgay)，一九五三年，與紐西蘭人艾德蒙·希拉里(Edmund Hillary)成爲史上第一組登頂聖母峰者。

在海拔八千公尺工作的高山嚮導，被稱爲世界上最危險的工作之一，除了有失溫、高山症之虞，也面臨雪崩。爲何要搏命?還是這兩個字——出路。高山生存嚴峻，高山嚮導報酬是其他尼泊爾人平均收入的十倍。

「世界之最」喜馬拉雅山，以它的世界之最孕育「世界之最」的人類。探究廓爾喀人或雪巴人的初始，只是想活著，只是在匱乏中，尋求出路。

原來，一切起於匱乏。

喜馬拉雅，這座卓越的山，諷刺地也創造了亞洲最貧窮的國家之一。它的貧瘠，讓英國都懶得納入殖民國，成爲從未被殖民過的國家。它的貧瘠，在兩千六百年前催生佛陀與佛教。它的貧瘠，在近代催生了世界最強的登山者，與最強的傭兵。

卓越與貧瘠，同時在此。

貧瘠，還有一個故事。住在喜馬拉雅山區的尼泊爾人生活艱辛，連野生動物都跟人競爭生存，摧毀他們的農作物，逼得有一個山區的人在多年前種滇結香樹（Argeli），製造圍籬。

他們沒想到，這種樹皮適合做成紙鈔，而且被日本人看上。日本紙鈔是全球最安全的貨幣之一，祕訣就在他們使用特殊紙張印製，不僅難以仿製，且纖維質地堅韌，即便碰到水，也不會破損。

日本農民年紀漸長，滇結香的種植面積逐年減少，因此改從尼泊爾進口。這給了喜馬拉雅偏遠山區的人們一條出路，遠山的樹成爲印製日圓紙鈔的原料。

喜馬拉雅山是一所大地學校，看到卓越與貧瘠並存，更在其中看到無情，人的渺小、無助。所有的一切，在大自然的面前都不值一提。這是住在喜馬拉雅山的人最深的體會，這也是他們畏山敬山，深深臣服。

年輕時，我認爲人定勝天。年歲漸長，我依然勇往直前，但學習臣服，也理解一切自有老天。

光師父在說《心經》時，提到人因何有苦？不苦的心態是什麼？

「人人在面對生命的時候，應該要學習低頭，學習謙卑，學習隨順，學習奉行。」

低頭、謙卑、隨順、奉行。我不知道，臣服是否等於謙卑，但我知道這是功課。低頭大自然，接受遭遇。

「當我們愈謙卑，生命才會廣大。」

三天健行後，我飛到佛陀誕生地藍毗尼，此行的第三座城市。但對於喜馬拉雅山，心裡總還覺得缺少一塊。於是，結束藍毗尼後，我安排了一趟直升機旅行，再上喜馬拉雅山，飛到世界第一高峰——聖母峰基地營（Everest Base Camp，簡稱EBC）。

下榻世界最高飯店

喜馬拉雅山國之旅，我竟然兩度上山：第一與第十高峰的前哨。

喜馬拉雅山脈有兩千五百公里長，第一次是由加德滿都往西飛。這次是搭直升機往東飛，直攻世界第一高峰。

在加德滿都休息一晚，吃了高山症預防藥丹木斯（Diamox）。隔日清早，摸黑就到機場。我計畫：結束聖母峰飛行後，短暫停留在世界最高飯店吃早午餐。

一如先前的經驗，在尼泊爾，不準時是必然，即便這是私人包機。至於為何遲飛，就別追根究柢了，反正什麼理由都能成立。

我之前沒搭過直升機旅行，只要沒做過的事，都躍躍欲試，像三歲孩子般好奇，眼珠炯炯發亮。

這次有五人，葉師姐被我「誘惑」同行，候機室枯等，大家由興奮到睡意掩來，等啊等，終於能登機。停機坪上，螺旋槳快速轉動，機身附近捲起強風，我壓低身子登機。

近一小時的飛行，經過山國的起伏梯田。五月作物還沒出綠，大地像一件補丁衣服。

逐漸，山景轉爲雪白，降落在海拔兩千八百六十公尺的盧卡拉（Lukla），這是聖母峰登山者的起走門戶。盧卡拉在當地語言的意思是「有許多羊的地方」。雪山在遠處，山村小道是石板路，只有一條街、一些小商店和幾家小旅館。山民謀生或者開飯店，或者揹運物資謀生。

這裡的海拔還不會有高山症反應，但每一步還是要慢。

雖然包機但不是直達，中途必須換機。等候第二架飛機的空檔，我走出機場，沿著石板路往上走，路上幾位駝著石頭的揹工擦肩而過，再上去幾步，正好有一個早市。地上，賣活跳跳的雞、既小又醜的馬鈴薯、紫洋蔥，最上處有一木台，擺著鮮紅的肉、包肉綠葉、鋒利的菜刀、虎視眈眈的蒼蠅。

小村機場的名字，丹增．希拉里機場（Tenzing-Hillary Airport）是紀念第一組登頂聖母峰的雪巴人丹增．諾蓋與艾德蒙．希拉里。丹增，毋庸置疑是尼泊爾人的驕傲，他助攻的希拉里，更是了不起。

功成名就之後，希拉里被英國女王受封爵士、肖像登上紐西蘭紙鈔。他大可以將名氣，轉換成源源不絕的財富，但他沒忘記山國，一百多次回到尼泊爾，建立喜馬拉雅基金會建校與醫院，幫助雪巴人。他將名氣轉化成協助弱勢的力量，這是功成名就的更高境界。

看著機場名稱「希拉里」，這個一百年前的紐西蘭人，他已逝，但名字永遠留在這座山村機場，留在喜馬拉雅山區。每位想攀登聖母峰的人都會來到這座紀念他的機場。

初夏山區，沒有陽光的地方有些寒。我穿上兩件羽絨衣、圍巾、毛帽，準備下一趟飛行的落地——海拔五千五百四十五公尺，比聖母峰基地營還高。有限定人數，所以，第二趟我們必須分批飛去。

我沒本事步行攀登聖母峰，但像我這樣「空有野心」的人不少，所以在盧卡拉直升機停機坪，幾分鐘就一部直挺挺地下降，馬上又一部直立起飛，飛向遠處，最後小如一隻蜻蜓，消失在雪山間。

這裡被稱爲「世界上最危險的機場」，商用飛機的跑道長度只有標準國際機場跑道的八分之一，起降非常挑戰。跑道盡頭一邊是山壁，降落時若來不及剎車就會撞上山壁。另一邊是懸崖，沒有成功起飛，就墜入深淵。

又是一陣旋風，我的直升機來了。

我這次坐在駕駛員左側，能有兩百七十度視角。起飛，直升機先飛行於山谷間，下面溪流蜿蜒，逐漸靠近峰峰相連的雪山區域。駕駛員解釋它們的名字，我沒認真聽，一心只想著聖母峰。

以前，我腦子裡的高山就是四千公尺的玉山，現在，我怎麼就來到世界之巔！每一峰都好高，七、八千公尺，全世界最高個兒的山，就在眼前。好比一排高個子，他們或前或後，兩百公分、一百九十八公分、兩百零一公分……。

當駕駛員指出「那座是聖母峰」時，我努力地「假裝」看到了。一定是看到了，只是「誰」是「誰」，沒怎麼分辨清楚。

怎麼分辨啊？每座都穿著一樣的雪白。

直升機降落在五千五百四十五公尺處。

這裡比玉山高出一千五百公尺，意思是，在東亞第一高峰之巔，疊上台北最高峰，還不及。降落處往下看，是聖母峰基地營的一頂頂五顏六色的帳篷。離基地營不遠處，地球最高的冰川——昆布冰川（Khumbu Glacier）形成的昆布冰瀑（Khumbu Icefall），也在腳下。那是登聖母峰最危險的死亡路段。昆布冰川深不見底的裂縫，不只考驗膽量，也考驗運氣。

如果從起飛的盧卡拉機場步行到此，大約六十二公里，走六天。而我，飛行半小時就到。

如此近距離的聖母峰，有些虛幻，更多是心滿意足。我像一個想把滿桌糖果放進口袋的孩子，貪心地想凍結此刻，捨不得離開。但高山症已強烈襲來，預防藥沒奏效。這裡的空氣極爲稀薄，氧氣只有平地的一半，張口說話都虛弱。站著吃力，我坐在枯黃的地衣[13]上。

海拔五千公尺的山區是人類與動物的禁區，即便藏人也定居在這個海拔以下。地球，並不盡然和藹可親，它有不允親近之境。一如冬天的南極是禁地，即便企鵝，到了冬天，大多數也撤離故鄉。

只能停十分鐘，必須離開了。

直升機直挺挺地上飛，往金氏紀錄的「世界最高飯店」去，海拔預計下

13　爬山時，常常在沿路的石頭、樹皮上可見到一層粉狀、近似青苔的微小生物，各形各色，就是地衣。地衣是真菌和藻類的共生體，能將岩石分解爲土壤，供植物利用。在世界各地某些傳統文化中，地衣甚至是天然染料。

降一千六百公尺。我在直升機上嘔吐過後，高山症舒緩了。很快降落在被冷杉、高山杜鵑環繞的聖母峰飯店，下面，有小小的人跟我們用力揮手。是搭第一架直升機的葉師姐。

這麼高海拔，沒有對外聯繫道路，一九七一年是如何興建起來？一九六八年春天，日本人宮原隆來此，看到巍峨聖母峰，有了想在這裡建造一家世界級酒店的夢想。

沒有道路，建材怎麼來？靠雪巴人從山底搬運跋涉兩星期，或者以直升機載。更遠的還有從日本來的滑動玻璃門、日光浴室的玻璃、毯子和餐具，先被運到印度加爾各答的港口，再轉到尼泊爾。

歷時三年，宮原隆夢想成真。飯店官網引用亞歷山大大帝的名言：「對於想展翅的人而言，沒有什麼不可能。（There is nothing impossible to him who will try.）」

這是半世紀前的故事。在不同時代，在地球的不同角落，總有人類在逐夢，即便在高不可攀的喜馬拉雅山。有人想成爲第一位登上聖母峰的人，有人想蓋一座對望聖母峰的飯店。

我們坐在飯店露台上，各自點了餐。我需要一杯熱茶，腳擱上長椅。一隻大嘴烏鴉棲在冷杉上，盯著我與茶。聖母峰在前，城市在好遠好遠的不知何處。

幾日前高山健行，遠觀的喜馬拉雅山峰群是雪白的美，加上金色陽光的美。但剛才近距離的喜馬拉雅山，感受到五千萬年前從海底隆起，升高、升高、升高，很用力的痕跡。每一座高峰都是萬年積雪，裸露處是蒼勁的黑，嚴峻的黑，無情的黑，出類拔萃的黑。

喝茶片刻，畏懼升起。沒有任何的「第一」，只是雪白美麗。近距離的喜馬拉雅山是黑與白共構，冷冷的，靜靜的，肅殺的。

人生不也如此?豈只有傻白甜，必然會有「嚴峻的黑，無情的黑」。「此生，我還會再上聖母峰嗎?」我自問，不可能，絕對不可能。靈機一閃，轉頭，看了冥想中的葉師姐。「我想留宿一晚。」她點點頭。

太棒了，我請直升機先回去，明天早上再過來。挺特別的召喚，像租了一部「空中計程車」。這個隨興的決定，並不像我，我是一個計畫型的人，聖母峰釋放了我，那個偶爾「不管三七二十一」的我。

回到台灣後，直升機帳單來了，我嚇了一跳。精準的說法是嚇了很多跳，隨興的代價真不小。不過，瞬間就豁達了，與聖母峰共眠的這晚，是再多金錢都換不來的。重來一次，我還是會做同樣的決定，毫不猶豫。

既然決定留宿，就安步當車，我們回房間躺下適應海拔。這飯店只有十二間房，沒來之前，我以爲它很豪華，其實沒有，簡單樸素。難得的是，落地窗讓雪山走入，每間房都能看到聖母峰。窗外是草坪庭院，坐在院子或躺在床上就能看到聖母峰。

奢侈，莫過於此。

起早，我再度出去探險。昨天往雪巴人聚落去，村裡有一座藏傳寺院，據說有一個大腳雪人Yeti的頭顱。

一九五一年，英國人在聖母峰附近的雪地，拍下第一張巨大的靈長類腳印照片，長有四十五公分，有五根趾頭，拇趾很大、向外張開。從此，大腳雪怪傳說不斷，被描述成紅棕色帶毛的人獸，住在喜馬拉雅無人區的森林裡。

當地傳說，雪怪有自己的語言。還有記載，在佛教出現前，雪人曾被喜馬拉雅地區的藏族信奉。

今天，我往反方向探險，怕會碰到傳說中的雪怪，於是拉著尼泊爾嚮導同行。

因爲海拔將近四千公尺，比普恩山高，高山杜鵑在這裡還在盛開，朵朵爭豔，沿路都是。普恩山健行的遺憾，在這裡完全彌補。

各種深深淺淺的紅花間，還穿插黃色。黃花？這麼高的山上，除了杜鵑，還有什麼花能在這麼高海拔生存？駐足觀察，猶豫一下，啊！「這是黃色高山杜鵑！」

杜鵑花有黃色的？不可能吧，英國植物獵人小胡克畫冊的手繪花，跳出來了。我驚喜地拿起手機拍了又拍。杜鵑花，黃色的，這裡四處都是，遠遠近近。

一路旅行，喜馬拉雅山顛覆我的認知，即便只是杜鵑，都像浩瀚小宇宙，有近千種，枝幹或高或矮、葉子或大或小、花色、姿態……這都不是「我以爲熟悉」的杜鵑，只能說「王姥姥」見識不多。

心情還沉浸在看到黃色高山杜鵑的亢奮，身旁的尼泊爾嚮導指著遠處：「孔雀、孔雀。」他說得輕聲但興奮。我瞪他：「這種高山，怎麼可能有孔雀？又不是印度野地。」順著他的手勢看去，杜鵑叢裡有兩隻大鳥，華麗羽毛泛金色，牠們低著頭在啄食。

「牠們是……？」我彎著腰，一步步靠近。

接下來，我差一點沒暈倒。「這是尼泊爾國鳥棕尾虹雉！」我又用了驚嘆號「！」。牠俗稱九色鳥，因爲生活在四千公尺海拔的喜馬拉雅山區，一般人只在尼泊爾的五十元紙鈔上看過牠。我的尼泊爾嚮導也沒見過，以爲那是孔雀。

台灣的帝雉已經很美了，千元大鈔上的那隻，但請容我誇張地形容，帝雉站在尼泊爾國鳥旁，只能是丫鬟。棕尾虹雉（*Lophophorus impejanus*）的美，傾國傾城。牠的尾巴是棕紅，腳黃綠色或褐綠色。頭頂有一撮羽冠，如同絲絨。身體是銅綠、紫及藍綠。

牠們跟帝雉一樣，喜歡在終年雲霧籠罩的高山針葉林。喜馬拉雅有杜鵑叢，所以也成爲牠們常常出沒處。近年，棲息地被破壞、被獵捕取羽毛當帽飾，數量急劇下降，瀕臨絕種。

還好，我來之前讀了一點書，否則，還真會被尼泊爾嚮導誤導。

「是不是該去買樂透彩劵？」這個清晨，我在如詩畫般、人煙罕至的喜馬拉雅山間，偶遇尼泊爾國鳥、黃花杜鵑……沉思中，走回飯店，攝影師捕捉到我低頭步行的瞬間，這是我近來最喜歡的一張照片。它紀錄了我，無以名之的感恩。

人生，有時千求萬求求不到，驀然回首，卻在燈火闌珊處。

棕尾虹雉

棲地：海拔2,700～4,000公尺

尼泊爾國鳥，生活在四千公尺海拔的喜馬拉雅山區，一般人只在尼泊爾的五十元紙鈔上看過牠。牠的尾巴是棕紅，腳黃綠色或褐綠色。頭頂有一撮羽冠，如同絲絨。身體是銅綠、紫及藍綠。

喜馬拉雅跳蛛

棲地：海拔6,700公尺

喜馬拉雅跳蛛因爲要躲避天敵，遷居到鳥飛不到的嚴峻環境，在極冷的氣溫和缺氧的生命禁區，以被吹上來的昆蟲爲食，渺小而傳奇地成爲地球上居住海拔最高的「定居者」。

喜馬拉雅山獨特物種

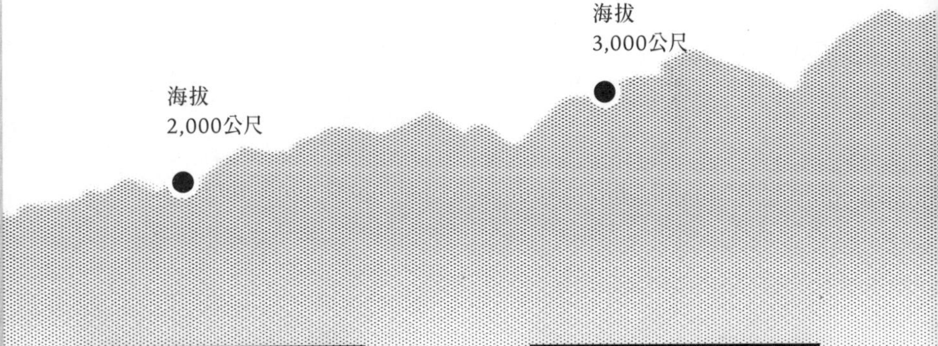

喜馬拉雅高山杜鵑

棲地：海拔2,000～4,000公尺

杜鵑能高挺，但於風勢嚴峻的山坡，也能匍匐生長；花形有漏斗、鐘狀、碟形……葉子有大有小，有橢圓有長形……。它有著千變萬化的彈性，環境如何，它就如何。

喜馬拉雅巨型蜜蜂

棲地：海拔3,000公尺

世界體型最大的喜馬拉雅巨型蜜蜂，會產生致命的「瘋狂蜂蜜」。人們吃了過量的巨蜂野蜜，嚴重的會身亡；但適量，就有天堂的迷幻感。

第三章——佛陀誕生地

看破它，
不是捨棄它，
是你接受它

世界遺產 藍毗尼

鐵路發明已兩百年，開啟交通革命。這世界，竟有無鐵路的國家？尼泊爾是台灣的四倍，面積比南韓大。嚴格來說，就是一個沒鐵路的國家。

在這裡的長途交通，如果你不搭汽車，就只能搭飛機，可沒有火車的選項。境內多是高山谷地的尼泊爾，唯一的載客鐵路在南部平原，是在相傳印度教女神西塔（Sita，又稱悉多）[14]的誕生地珍那普（Janakpur）小鎮，通往印度。

14　西塔是印度教神明毗濕奴的化身羅摩的妻子，是忠貞、順服、善良的象徵。

因爲沒有火車的選項，今天要南行，只能搭飛機。從泛喜馬拉雅山區飛往邊界平原，緊鄰印度的藍毗尼，與光師父、葉師姐會合。

藍毗尼離加德滿都遠了，在三百公里之外。但離印度邊界僅二十七公里，屬於廣義的恆河流域。

在尼泊爾搭乘內陸飛機，像搭公車般的隨意。班機不準時是必然，有人爲因素，也有天候不穩定導致。我學會了，搭飛機那天，就只做這件事。

下了飛機的藍毗尼機場，很是奇葩。雖是機場，但像極台灣六十年代的小鎮火車站候車室。機場牆上，寫著International airport，抵達的卻是「農業社會狀態」機場。

下機後，我慣性地找行李轉盤。在哪啊？正疑惑，爲何其他乘客圍在一座水泥長條檯前，喔，這就是「行李轉盤」！當然，沒法「轉」啦。我需要消化一下，「沒有行李轉盤、沒有行李輸送帶」的國際機場，這是我完全沒想像過的。我此生第一次，也是唯一的經歷。

我的腦子還沒調整為「穿越到半個世紀前」，罣礙著「行李怎麼卸下飛機？」，其實，此時此刻，我必須相信，人類是萬能的。沒有自動化設備，照樣能解決。

許久後，幾位穿著背心的機場員工，「純人工」地推著兩部堆放行李箱的貨架進來。乘客蜂擁而上，像逃難的騷動。又是喊聲、又是用手比劃，接著用紙卡號碼牌「兌換」行李。歷經一番廝殺。呼，終於領到了！

這趟飛行，只飛三十分鐘，但領行李也等三十分鐘。在尼泊爾旅行，無奇不有，一天做不了幾件事，一切慢慢來。

來到此行的第三座城市，被列入世界文化遺產的藍毗尼。

兩千六百年前，佛陀在這裡誕生，住到二十九歲。藍毗尼有不少佛陀出家前的遺跡，包括誕生時的石頭、王子時期的古國遺跡，印度阿育王石柱……這是「佛教四大聖地」之一，也被聯合國列入世界文化遺產。但是如今，佛陀的故鄉貧瘠如兩千六百年前，信仰佛教的人口不到百分之十。當地小孩口唸「阿彌陀佛」時，是跟觀光客乞錢的討好。

「讓佛陀教法重回它的發源地」，這是光師父揮別台灣，落腳尼泊爾的發願。在尼泊爾的這些年，他每年都帶著沙彌們來藍毗尼。此行也是。

我到飯店，與大家會合。午飯後先休息，躲避酷陽。

尼泊爾說大不大，說小也不小，一天能歷經冬夏。前兩天在杜鵑森林山區時，冷到穿羽絨衣。來到南部尼泊爾，換上短袖依然汗流浹背。一點都不誇張，熱到快被蒸發掉，中午會飆到將近四十度。難怪，人人黑黝黝。

不是在盛夏的藍毗尼，應該更美。來過此地的聯合國秘書長潘基文也這麼說：「我被這美麗聖境——佛陀誕生地深深吸引，肅然起敬。我被王子的人生旅程所感動，他放棄一切舒適，去面對生活的殘酷，成爲世界上最大宗教之一的創始人。」

保有原始村落風貌的藍毗尼，所在平原是尼泊爾的最大糧倉。田野間散落著茅草黃土屋，不時有野生動物。人與大自然的界線是不明朗的。

在這裡的第二天清晨，我被急促的敲門聲給吵醒，砰、砰、砰。「誰啊？一大早敲門。」睡眼惺忪開了門，飯店門僮興奮地來報馬。「來了、來了，兩隻赤頸鶴！」

昨天閒聊時，聽說起這裡鄉間，住著世界遺產與世界最高的飛鳥，一百八十公分長的身軀。人們來此朝聖，但多不知在佛陀故鄉的溼地棲息著「易危物種」赤頸鶴。

我眼睛一亮，套一件衣服就衝出去。薄霧間，看到田野荒地上一對晨間散步的赤頸鶴，鶼鰈情深，亦步亦趨。淺灰色的身體，頭部到頸子是紅色，纖細的腳優雅地行走、低頭找昆蟲。最特別的是，巨大到像神鳥，是世界上最高的飛鳥——鴕鳥可是不飛喔。

就在不遠的眼前，站著比我還高的巨鳥。我太興奮了，一步一步靠近，小心翼翼的。

本來牠們只是走遠些，不讓我接近。但忽然間，警覺地展開雙翅，飛起，龐大身軀就像一輛汽車飛過頭頂。

牠不是一隻小小鳥，而是從我頭上低空飛過的一輛「汽車」。然後，變遠變小，變成小黑點，消失了。

我後來才得知，在藍毗尼有一片赤頸鶴保護區，就在我住的飯店旁。相傳，佛陀仍是太子時候，曾經救過受傷的赤頸鶴，這故事加深牠在藍毗尼的被保護意涵。

牠不只個頭大，叫聲也洪亮如喇叭聲。這大個子的家也大，見過「直徑超過兩公尺、高近一公尺」的鳥窩嗎？就是赤頸鶴孵蛋的巢。個頭大、窩大，而且長壽，能活超過四十歲。

當地人說，小時候，田間到處可見。但現在赤頸鶴被列入瀕危物種的紅色名錄，獵殺者也包括英國人。將近三百年前，英國博物學家喬治·愛德華茲（George Edwards）在他的《罕見鳥類自然史》（*A Natural History of Uncommon Birds*）中有赤頸鶴繪圖，依據的是英國將軍查爾斯·韋根家中的標本。

到藍毗尼尋找佛陀遺跡，意外地收穫了野地赤頸鶴，太開心了。

喜馬拉雅橫亙、起伏的山谷，讓尼泊爾失去鐵道貫穿的便利，但保留山國原始山野。失去與獲得，現代與原始，讓人們猶豫前行的步伐。

王子的繁華如夢，苦與樂

今天的藍毗尼原始樸素，彷彿還在佛陀時代。

因爲佛陀誕生地的重現，所有工廠在多年前被強制撤離。一樣的稻田間，在二十一世紀，是古佛塔遺跡與考古進行的世界遺產區域，還有唱著「南無本師釋迦牟尼佛」的尼泊爾小孩，乞討「Candy」、「Money」。

我隨光師父與沙彌們來藍毗尼園朝聖，雖是室外露天，但爲示尊重，進入者必須脫鞋。光腳丫朝聖，不太自在，生平第一次。大家先繞行阿育王（Asoka）石柱。這根高聳的石柱，四周被鐵欄圈著，保持著與人的距離，但擋不住人們往欄杆內遞送鮮花。

我默默地跟著走，沿路撒花，但實在看不出這根石柱有何獨特？

繞行後，師父與沙彌們在掛滿五色彩旗的菩提樹下，面對白色的摩耶夫人寺（Maya Devi Temple），設壇誦經。摩耶夫人是佛陀的母親。傳說，她在一株樹下生下佛陀。旁邊是摩耶夫人產前及佛陀出生後洗浴的聖水池，有個傳說，虔敬地往水池看，會照見自己的前世。

不遠處的另一株樹下，我與藍毗尼大學考古系教授巴森塔．比達理（Basanta Bidari）約在這裡，席地而坐，聽他解說這個區域的考古歷程。

在不重視文字記載的年代，佛陀的誕生地與年代始終模糊。唯一的紀錄，西元前二四九年，古印度孔雀王朝的第三代君主到佛陀誕生地朝聖，立下一根高十三公尺的雕花圓柱，頂部是石雕馬。就是「阿育王石柱」。

他就是阿育王，統一分裂印度的國王，創下豐功偉業，但爲了權力也殺了九十九位兄弟。虔誠信佛後，也因爲他，佛教興盛，傳播到外面的世界。他備受爭議。權力，讓他殘忍，也讓他慈悲。

時間如洪流，阿育王石柱不見了，所有的一切，都不可考。加上，印度教成爲尼泊爾的主流信仰及穆斯林入侵南亞半島後，佛教更是邊緣化。人們遺棄、也遺忘佛陀的誕生地，數百年。「佛陀在哪誕生？在印度？在尼泊爾？」船過水無痕般，埋沒於一層層的灰土中，徹底消失。

關鍵轉折在一八九六年。一支德國考古隊在藍毗尼，發掘刻有印度最古老文字的阿育王石柱：「王於登位二十年來此朝拜，此處乃釋迦牟尼佛誕生之地。茲在此造馬像、立石柱以紀念世尊在此誕生。」石柱還寫著特赦藍毗尼村賦稅，僅繳收入的八分之一。

重見天日的石柱，柱上的馬頭已不見，不過，解譯後的銘文很關鍵，證實佛陀的誕生地在藍毗尼。從十四世紀到十九世紀，被遺忘、失落了五百年的藍毗尼復活了。

考古學家繼續在此發掘。對照中國高僧玄奘大師在西元七世紀所著的《大唐西域記》，更多發掘出土。

發現一：考古學家在一個七層磚壘起的平台上發現一塊紀念石，它埋在摩耶夫人寺舊址下五公尺處。

發現二：在更深地層又發現，一座兩千六百年前的木作建築遺址。這是考古的重大里程碑，更新佛陀誕生時代是在兩千六百年前。不只是原本以爲的兩千三百年前。

發現三……。

一切，水落石出。

王后摩耶夫人感覺到分娩在即，在此浴池梳洗後，攀住藍毗尼的一株無憂樹，誕下佛陀。誕下後的佛陀也在同樣的古浴池盥洗。

後來，人們圍繞這株樹，建造一座木構寺廟。爲了紀念佛陀誕生地點，還放置一塊紀念石塊。

三百年後，篤信佛教的阿育王來到此，立下石柱說明，他到了佛陀誕生地。為了保護這塊紀念石，他還下令用磚造起一座平台。考古學家描述：「一座阿育王時期的宏偉寺廟，配有顯示它是一處帝國聖地的柱子。」

此後的數百年，附近有很多佛塔建起，藍毗尼成為朝聖聖地。

荒廢五百年的藍毗尼，一九九七年，被聯合國列為世界文化遺產，區內包括：聖水池、摩耶夫人寺遺跡、阿育王柱、西元前三世紀至西元十五世紀的佛塔遺跡。

巴森塔教授說著說著，我忽然耳朵靈光了，像死魚的眼睛活了。「你就是當年發現佛陀誕生石的考古學者？」我舌頭打結了。巴森塔教授微笑地點點頭。我本來只是請當地旅行社，找一位能講英文、有內涵的導遊。碰面前，旅行社的負責人叮嚀，此人很資深，要很有禮。我真沒想到，請來一位大神！

講完藍毗尼的故事，他起身帶我走入那幢白色建築，保留有他當年發掘與鑑定的佛陀誕生紀念石。這是一座考古現場，上面架著走道，人不能停頓，我看得很倉促。這塊紀念石，還在考古現場。還有，摩耶夫人分娩的浮雕。

「我又燒了什麼好香？誤打誤撞認識巴森塔教授。」我開心地將他介紹給光師父與葉師姐。

當天晚上，我們在飯店又見面，巴森塔教授帶了著作，我連夜讀完。古代這區域，有十六個國家，如同中國的春秋戰國。佛陀是其中的小國迦毗羅衛國(Kapilavastu)的王子。儘管生活無慮，但他對生死無常特別敏感，即便是一隻蟲子的生命。

有次春耕，看到田中的蟲兒被翻出地表時，很快就被飛過的鳥吃掉，生命瞬間消失，讓他悲痛。對生老病死感觸很深的他，在二十九歲時放下榮華富貴，悄悄地從皇宮東門出走，留下期待他繼承王位的父親，與剛生下孩子的妻子。三十五歲時，佛陀在菩提樹下苦思冥想，大徹大悟。

迦毗羅衛國，離此不遠，這是古代釋迦族的國都皇城。我們在黃昏驅車抵達，先在一株娑羅樹下，大家圍坐，聽光師父講經。圓圓大葉的娑羅，本是熱帶南亞很普遍的原生植物，但因爲佛陀在此樹下涅槃，而被視爲聖樹。

起身後，我們繞一圈殘壁古城，走到當年佛陀離去的東門。門，已無。國，早被滅了。但那匹隨王子出走的馬，名字還被後人記憶著，寫在東門廢墟的指示牌。

兩千六百年前，這位二十九歲的王子在這裡，放下富貴，放下皇冠，放下人們奮鬥一生都不可得的權勢。

繁華是什麼?告別王宮，王子脫下華服，剃髮遠行了。

這個傍晚有金色夕陽，但不知怎的，金橘斑斕勾起我的是憂鬱，離別的憂鬱，情緒氾濫在迦毗羅衛國廢墟。同樣的金色陽光，早上在藍毗尼，感受到誕生的喜悅。此時的橘黃，有些酸，我想的是失去兒子的國王、失去丈夫的王妃，他們的痛與淚。

每一位出家人，都有一段割捨。

看著光師父的背影，不由想起，他在美國聖地牙哥的告別。也是黃昏，他跟正在廚房忙碌的母親，說出出家的決定。

母親背對著，沒有轉身，因爲無力挽回。

年輕的光師父並未徵詢母親的同意。光師父說：「人人都是佛，只是不知道自己是佛。」這指的是心，其實也是路。

他尋找佛而回到台灣，而來到喜馬拉雅山腳下。他的尋佛之路是生命極大的轉彎，告別奔向醫師之路、告別繁華的美國，決斷地走向未知。雖是渴望，也是茫茫，這需要多大的醞釀、多大的決絕、多大的勇氣？

紅塵有何不好？對於紅塵，我是眷戀，我是俗氣。所以在佛陀故城，我感應到的是，被割捨的父親、妻子，還有繁華。我不捨他們。繁華塵世與內心快樂，有衝突或敵對，無法共存嗎？

遁世的人生，我是不解。

玄奘、唐三藏、大唐西域記

也是告別，一千四百年前的這趟告別，發生在西元七世紀的唐朝長安。這時，玄奘不到三十歲。

即便擁有聲望，但「佛的本性是什麼？」、「人，終能成佛嗎？」深深困惑玄奘。他研讀經典無數、走過中國大江南北訪名僧，得不到答案。偶然得知，古印度有一所那爛陀寺（Nalanda Mahavihara），研究佛學的最高學府，由當代大師戒賢高僧主持。

玄奘很想到佛教的發源地，他學古印度文，申請出關。但是邊關有突厥，戒備森嚴，雙方緊張，所以沒獲准。

玄奘偷渡西行。他來到佛祖的誕生地藍毗尼，也看到已被閃電擊倒的阿育王石柱，寫在口述的《大唐西域記》：「有大石柱，上作馬像，無憂王之所建也。後爲惡龍霹靂，其柱中折仆地。」記錄豐富而且精準，成爲研究古印度史的重要文獻，也是後來的考古學者能確認藍毗尼是佛陀誕生地的關鍵。

玄奘就是《西遊記》裡的唐三藏。歷史與小說不同的是，沒有孫猴子也沒有豬八戒隨行，只有九死一生。小說稱他「唐三藏」，是因爲他精通「經、律、論」三藏。在佛教裡，「三藏」是很難得的尊稱。唐三藏，就是來自唐朝的三藏法師。

歷史與小說更大不同。這位漢傳佛教最偉大的譯經師，深受中國史上最偉大的皇帝之一，唐太宗倚重，甚至希望他還俗出任高官。他是對唐太宗影響最大的和尚，可見古時僧人的學識、歷練。

不只唐太宗景仰玄奘，在西域也是。

越過沙漠，玄奘抵達新疆吐魯番時，被篤信佛法的高昌國王麴文泰盛情禮遇。佛教是高昌的國教，皇室以最高的禮拜方式迎接玄奘。

之後，國王想強留爲國師。玄奘拒絕不成後，絕食三日。無奈的國王只能妥協，他與玄奘拜把，一王一僧結爲兄弟，相約等玄奘從印度返回時在高昌講經三年。

離去前，國王爲既是兄弟也是大師的玄奘，準備三十套禦寒衣服、三十四馬、二十五個隨從、四位徒弟隨行，加上二十四封給沿途國王的書信與厚禮。

從新疆越過帕米爾高原，又是一段無人之境的險惡，《大唐西域記》記錄：「兩雪山間，故寒風淒勁，春夏飛雪，晝夜飄風。地鹼鹵，多礫石，播植不滋，草木稀少，遂致空荒，絕無人止。」這是如何能活下來的一條路。出長安，幾度生死邊緣，玄奘沒有回頭，終至古印度、尼泊爾的雪山。

「尼波羅國。周四千餘里。在雪山中……形貌醜弊邪正兼信……大小二乘兼功綜習。」——玄奘．《大唐西域記》。難以言喻，我此時正旅行於玄奘一千四百年前走過之處，仰望同樣的喜馬拉雅雪山。

一千四百年有多遙遠？那時，尼泊爾人仍信仰佛教，藍毗尼的阿育王石柱還沒倒。中國的餐桌上還沒人見過菠菜，因爲原產於波斯[15]的菠菜，尚未透過尼泊爾傳入中國。

在語言與文化複雜的中亞與南亞，「外國人」玄奘旅行五萬里、走過百國，如願拜師印度高僧戒賢大師。史料記載，他精通梵語和巴利語。

十七年後，玄奘帶回六百五十七部佛經。遺憾的是，他的「兄弟國王」已逝，無能履行三年之約。

歸來長安，太宗與玄奘的第一次深談，欲罷不能，從日出聊到夜暮。

玄奘的行腳見聞，遠超過漢朝張騫。這對唐朝經營西域非常重要，也就是《大唐西域記》撰寫的背景。它對各國的疆域、城市大小、歷史，甚至一座塔的高度，一所寺院的人數，都準確無誤地記錄。印度與英國的歷史學家都說：「如果沒有玄奘、法顯等人的著作，重建印度史是完全不可能

15 波斯帝國，今天的伊朗。全盛時期的領土，曾經到印度恆河平原與希臘半島。

的。」、「玄奘對印度歷史的貢獻，是無論怎樣估計也不會過分的。」

在當時，唐太宗讀了《大唐西域記》，對玄奘更是佩服。他請玄奘還俗，協助治國。但玄奘堅決不肯，只想當學問僧。他念念不忘，從印度帶回來的六百多部經書未譯。在太宗支持下，玄奘主持國家譯場，帶領最有學識的高僧翻譯佛經。不到二十年，翻譯一千三百三十五卷，高於歷史上另外三大翻譯家譯經總數的一倍。

玄奘完成《心經》翻譯，第一個讀者就是太宗。太宗下令把新譯的《瑜伽師地論》複抄九本，流通全國，並爲經書寫序。

玄奘經常被留在宮中，太宗向他諮詢佛法。大唐盛世，全國寺廟三千七百一十六所，幾十萬名的僧尼。官員深信因果，廉潔奉公。民風淳樸，夜不閉戶，行旅不需帶食糧。

玄奘的譯經，在語句上接近梵文，在翻譯史上樹立典範。這些佛經還傳往朝鮮半島、越南和日本。現代人熟知的《心經》與《金剛經》屬於《大般若經》，是玄奘晚年最後一部翻譯經典，有譯文五百四十萬字。

「玄奘大師在佛經翻譯上有很重要的貢獻。以前翻譯的經典與解讀不夠精準，透過他的翻譯，把某一些問題再釐清。他也是一位很聰明的人，印度梵文要翻成漢文，兩個語言的把握要非常精準。」

回到台灣後，有一次對談，光師父主動聊起玄奘，我在他的眼中，看到對一位學問僧的崇敬，這是他嚮往的境界。後來，光師父閉關的功課，就是校對玄奘大師帶回來，也是最後翻譯完成的《大般若經》。

「皇帝有很多苦惱，無法講給別人聽。玄奘的修養、程度若不夠，肚子沒東西，太宗與重臣怎麼願意交流。」

六十二歲時，玄奘在屋後水溝摔倒後病情直下，五天後圓寂。太宗的兒子唐高宗罷朝幾天懷念，附近五百里的百姓都來祭拜。一代宗師，就此告別世間舞台，但留名青史。

浩瀚經典前，謙卑探索。路途遙遠莫測，不減夢想。榮華高爵於前，不動初心。死亡險境逼近，人不懼退。在政治皇權間，機智柔軟。

結束了藍毗尼的數日停留，行程接近尾聲，我們要飛回玄奘所述「四周高山之上盡是萬古不消之雪」。

人的轉彎都有伏筆，尤其，拋下繁華名利。

「爲什麼？」候機時，我忐忑地問起光師父出家前的時光，這是他很深的痛，也影響他走向今日。

一切，從菜市場開始的童年。

光

山中對話

．．．．

行走在世界最高的山脈喜馬拉雅，在我腦子裡經常的思索：每個極其不易的存在，到底想說什麼？

譬如：曾經因氣喘多次發作的我，以前根本是卒仔，小山都無法爬。長期被恐懼禁錮的我，不能、不試也不敢冒險，也不運動。

如今，「半殘障人士」竟然來到喜馬拉雅山。

我不是勇士，而是不想被恐懼綁架一生，哪裡都去不了。改變後，可能變大、世界變大，南極北極加上喜馬拉雅山。

譬如：古老的海洋為何會隆起為世界最高的山峰群，改變亞洲地貌。然後，在海拔六千七百公尺，孕育出喜馬拉雅跳蛛（*Euophrys omnisuperstes*），在極冷的氣溫和缺氧的生命禁區，以被吹上來的昆蟲為食，渺小而傳奇地成為地球居住海拔最高的「定居者」。

牠也不是勇士，只是想活下來。因為要躲避天敵，遷居到鳥飛不到的嚴峻環境。

還有，在喜馬拉雅山國遇到這位外國和尚——光師父。他從社會底層到一流學府、遁世為僧，人生波濤不斷。勾起我諸多不解：為何放下醫生之路，到貧窮之地？

一隻高山的昆蟲，一位外國和尚，還有我，都在轉折與困頓，找出路，尋找生命的自由與快樂。

之前，我專訪過上千位世界領袖，看過持續攀登高峰，也看過無數的樓塌。或者，當下叱吒風雲，之後虎落平陽。

我的感慨是很深的，起初以為的巨人，怎麼就崩盤了？這是佛說的無常嗎？

我有入世的觀察，隨生命階段不斷對焦。我也曾經在《金剛經》找答案，每天讀誦，但是駑鈍。這樣的觀察，之前訪問佛光山的星雲法師、法鼓山的聖嚴法師、靈鷲山的心道法師等高僧，也有過對話。

回首紅塵，兼有東方與西方歷練的光師父，又是如何以為？

在山國，我們從生命的六十八問展開對話，反思功成名就的意義，人生的樂與苦，生命的追逐、巔峰與失去。

山國對談，我們先從他的生命故事開始。

第四章

一個醫生的緣滅，一個和尚的緣起

好的如幻如化，
不好的
也是如幻如化

私生子的菜市場童年

新竹菜市場裡，深深淺淺青菜與各式肉品攤販中，魚販阿婆總帶著捲頭髮的五歲外孫「阿輝」，他是混血兒。市場裡人來人往，夾雜著三字經與肉腥味，婆婆媽媽們總喜歡摸他的小捲髮：「頭髮真漂亮，不用電。」更好奇他的身世。

一個特別的孩子。

「你的爸爸、媽媽呢？」要讓五歲阿輝理解私生子的意思，情何以堪，但他知道。生活很殘忍，卻是鐵打的真實。

阿輝的爸爸、媽媽在哪？

一九五〇年韓戰爆發，美國第七艦隊協防台灣，大批美軍駐紮台灣的年代。之於美國大兵，那是「戰爭與死亡威脅」的生活，於是軍營之外，流連街道酒吧，花花世界。

織布廠女工生活太苦了。「錢歹賺啦！」十六歲的月香離開新竹，跑到繁華都市淘金。從基隆到高雄、台南、台北，哪裡有錢，她就像一尾水蛭奮力吸住。沒像她那般苦過的人，沒資格議論她的選擇。

只有小學畢業能賺什麼快錢？「舞女，還是酒家女？」她走入燈紅酒綠，隆高鼻梁，塗上鮮紅指甲油，在酒吧陪酒。久了，也能說些英語，在這裡，她叫露西。

她結識卡爾，動情了，成爲卡爾的情婦。在十八歲爲他生下兒子，懵懂青春，愛上一個不該愛的花花公子。有幾人躲得過高大帥氣、處處放電的卡爾？他是美國黑人，比月香大十五歲，月香與他大女兒的年齡相差不多。一百八十公分的瘦瘦高個子，能玩愛玩，平常是美國大兵，假日組一個駐唱樂團，唱歌跳舞，還不時上電視演出。

在台灣，卡爾結交不少女朋友，月香只是其一。他沒想要月香肚子裡的孩子，但月香堅持生下。月香認為這是老天爺給的，這是命。她總以此合理化人生的苦澀。

偶爾，她會把交給母親照顧的兒子阿輝接到台北，讓卡爾看看。兒子遺傳他的巧克力膚色與捲髮，容貌相似但語言不通的他們，一個講台語，一個講英語。兒子到台北時，卡爾會買鄉下吃不到的糖果、可樂。

之後，美軍撤離。卡爾告別海島，回到他真正的家，真正的老婆身邊。就像〈安平追想曲〉裡，身穿花紅長洋裝、等待荷蘭船醫的女子：「啊～不知初戀心茫茫，想起情郎想自己。不知爹親二十年，思念想欲見，只有金十字，給阮母親做遺記，放阮私生兒，聽母初講起，愈想不幸愈哀悲，到底現在生亦死，啊～伊是荷蘭的船醫。」[16]

殖民者荷蘭人來台南，放縱一時的情愛，留下私生兒。二十世紀在台灣重演，月香的情愛之路，翻版〈安平追想曲〉裡的港邊女子。

月香的美國大兵走了，沒帶走她與兒子。美國夢，碎了。她留在台北酒吧，捲髮小男孩依舊留在新竹菜市場。一家三人，疏遠地在三座城市。一家人？精準地說，他們從來都不是一家人。以前不是，後來也不是。

阿輝是時代的縮影，一些未婚生子的混血兒，在台灣格格不入地長大。他們之中，有的母親瘋了；有的孩子受不了「父不詳」的歧視，染上毒品……。二〇〇四年金馬獎獲獎的短片《黑吉米》，紀錄其中一個故事。

阿忠是另一個故事，他就是母親發瘋的混血兒。不說話時，活脫脫地就是黑人，直到拿香祭拜祖先說起客家話，才讓人錯愕。他的母親在茶室工作時懷胎，美國父親從來不知道阿忠的存在。母親帶孕嫁給一位果農，孩子生下來是巧克力膚色，成爲鄰里的閒言閒語。

大約四歲時，阿忠的母親被送進精神病院，他也一度被送到育幼院。

影片《尋父千里路》是他的故事，提起育幼院的童年，已然中年的他眼眶紅了，鏡頭裡是含淚的側臉。

不是一天、不是兩天，哪一個孩子能在沒有父母陪伴下，承受歧視地長大？

光師父就是長大後的阿輝，鏡頭外的另一個故事。

「你媽媽把你丟給我，是我把你帶大。你爸什麼都不管。」阿嬤像跳針的唱機，從阿輝小時候就反覆播放這段。還沒滿月，阿輝呱呱落地五天就跟著阿嬤，沒有母奶，就喝米麩。

「怎麼不餵牛奶？」

「很貴，沒錢！」

16 〈安平追想曲〉，作詞：陳達儒、作曲：許石、演唱：鄧麗君。

阿嬤成為實質的媽媽。他叫阿嬤：「嬤」，乍聽像四聲的「媽」。阿嬤帶著他從滿月，然後會爬、學走路、牙牙學語，還會另一個技能：賭四色牌。阿輝的周遭是刺青、說三字經的迌迌人。

二十多坪的房子，住著三代，阿公、阿嬤與舅舅們再加上他，這家人從小孩到大人，都會賭四色牌。他也跟著，看楊麗花歌仔戲，聽布袋戲，打架。

二十坪屋子住的一家子都姓莊，小捲髮阿輝跟母親姓莊，阿嬤蔡隆跟丈夫冠夫姓莊。最小的阿輝，當阿嬤「出差」打牌時，就進廚房拿菜鏟，張羅一家人的菜。七歲見習助手，十歲當家。

新竹童年，還有夏日屋頂的越瓜，一條條像大瓜把屋頂鋪成綠色。阿輝是阿嬤的助手，越瓜出水後要抹鹽，放入大陶缸醃。這是一整年的醃菜，要配粥。醃瓜是他兒時的味蕾回憶，地瓜也是。

說起醃瓜，光師父開心地笑起來，彷彿變回阿輝。談起地瓜飯，他也笑了，那是此生不再吃地瓜的尷尬。餐餐都是地瓜，粥裡放，飯也放。「吃到我都怕了啊。」

新竹的風大，河畔壯觀的曬米粉畫面，也是他的童年。

阿嬤的娘家，也在一年到頭風聲呼呼的新竹，漁村養蚵，她對於潮水很清楚。只要說今天是農曆幾號，她就可以告訴你，潮汐如何。

在傳統漁村成長的女人蔡隆，嫁人後叫莊蔡隆。她虔誠地到廟裡拜拜、吃早齋，她吆喝地在家裡打四色牌，也認命地養孩子，繼續養孫子。怕孫子學壞，也不知道怎麼教，只會用竹藤打。

雖然是獨生子，但阿輝沒有被寵愛地成長。男孩模模糊糊地來到這世界，只有一張黑白嬰兒照片，所有地童年記憶都是模糊的。老天爺很殘忍，所有孩子不想要的、不該有的，全倒給他：貧困、私生子、混血兒的歧視，任他在社會的最底層，被踐踏。

童年影響人格的發展，他很叛逆、很野、很劣。小學全班五十六人，他打遍所有人，成爲學校的頭痛分子。

「我很會打架！」光師父說。

「為何愛打架？」我問。

「為何不打架？」他反問。

想想也是。

因為是私生子，經常被人嘲笑。因為長得跟別人不一樣，全校甚至全新竹的小朋友，大概沒有人是這膚色。

他很敏感：「我不讓你們看不起我，要把你們打趴。」小時候的自卑、不安、匱乏，變成憤怒與拳頭。那是多深的憤怒？多大的迷惘？一旦誤入歧途，販毒酗酒，就是走入黑社會的幫派。

他的內心，有一座活火山，岩漿熊熊，時時爆出憤怒。或者說，像一隻有三萬根刺的北美洲豪豬，每根刺有七百個倒鉤。誰靠近，他就狠狠地扎誰。為何不扎？怎麼不憤怒？有時，他還必須被藏在陰暗角落。有一次，媽媽帶男朋友回到新竹，男人看到家中有個小男孩，問起：「他是誰？」媽媽閃爍其詞地說，妹妹的孩子。

火山、豪豬、陰暗角落。

即便後來，媽媽嫁給一位美國白人，能把他接到美國後，匱乏還是沒有被填滿，火山仍然熊熊。

「就算有人那麼愛我，我都沒有辦法。」

怎麼了？

「一個新歷程，不可能一下子把它推倒，需要一段段地慢慢拆。我從有機種植堆肥領悟，生命中很多骯髒的、汙穢的、厭惡的東西，你必須能轉變它，變成生命的能量。」

不安全感，是怎麼樣慢慢消除？

「在學佛之後才慢慢轉，慢慢轉，慢慢接受我的生命。」

我想起一張照片，他在尼泊爾收留的五歲沙彌宗濟。宗濟睏了，跑去找光師父，縮在他身旁睡著。宗濟，不就是多年前，在新竹菜市場的那個捲髮男孩？出生在社會底層的光師父，沒走上歧路是異數。宗濟遇上光師父，是幸運，也是緣分。

墮入紅塵的月香遇到流連聲色的美國大兵，那個時代，有許多「月香」，小說與電影寫下那個時代。好萊塢電影《蘇絲黃的世界》（*The World Of Suzie Wong*），一位有私生子的酒吧女邂逅西方男子：「生活不是我所能選擇的，所以我發明一個辦法，告訴自己我叫美玲，有錢人家的小姐，我很幸福……。」陳映真的小說〈六月裡的玫瑰花〉，地下酒吧裡，如一朵朵疲倦的月亮的頹廢燈光下：「兩種不相同的膚色擁抱著……。」

浮浮沉沉，兩葉飄零的浮萍相遇，本是萍水相逢，就讓它萍水相逢。哪一葉痴傻，會跟偶遇的浮萍說天長地久？

月香後來遇到另一個美國人，一個願意娶她，長久看待兩人關係的美國人。

人生翻頁，月香脫離酒吧生活，把十一歲的捲髮兒子接到美國，開始當妻子也學習當母親，移居聖地牙哥，一座臨太平洋的海港，這裡有多處的美國海軍軍事基地，也是一座離卡爾住處不算遠的城市。

苦，是你自己作不了主

美國歲月的逃學青少年

如果，十一歲時沒離開台灣、沒離開菜市場，他人生的劇本肯定是另一版發展。

菜市場裡的捲髮男孩來到美國。一個連台北都沒住過的孩子，一下子要移居全世界最強大的國家。

憑著一張「父親欄是空白」的身分證，阿輝辦了護照。登機證的日期是八月二十一日，炎炎夏日，結束小學五年級，他要到美國讀六年級。

阿嬤與舅舅送他到桃園機場。他不知道，爲何腦子裡，還淸淸楚楚地記著四十年前的八月二十一日。

告別台灣，告別阿嬤的家，第一次搭飛機，他來到一個外星球！

這個外星球，沒有他喜歡的布袋戲與歌仔戲，說的是他聽不懂的話，文字是二十六個英文字母串出來的，捲髮男孩變成聾子與啞巴。

這個外星球，吃起司、漢堡、牛奶。第一次吃到起司和漢堡時：「怎麼好酸、好酸、好酸，好難吃？」早餐要抹厚厚的奶油，喝從來沒有喝過的牛奶。所有的味道都不熟悉，完全不一樣。

這裡是美國加州最南的聖地牙哥，湛藍的海岸，從市中心開車半小時就能跨過邊界到墨西哥，沙漠與仙人掌之境。直至一八四六年，加州還屬於墨西哥，曾經被西班牙殖民三百年的中美洲國家。母親嫁到這裡。

離開被人歧視的台灣，捲髮男孩終於擁有一個家，不再是私生子，不再「那麼特別」，世界變得好大，大到讓他太陌生。他才十一歲，鄉下阿輝變成美國大衛（David）。

「我很痛苦，不會講，也不會聽，也不會看，語言完全不通。連二十六個字母都不認識。」

家裡沒有兄弟姐妹，媽媽與繼父白天上班。小男孩鎖在自己的世界裡，與外界是斷裂的，內在的那種苦悶，不知道怎麼處理。以爲脫離「貧困、私生子、混血兒的歧視」的台灣最底層，沒想到，另一種痛苦襲來——孤立。

美國這麼大，他彷彿搬進一座無形監獄。在台灣，他是外人；來到美國，他還是外人。沒有一個地方，是家。

去了美國將近一年，還是不適應，寧願回新竹菜市場。在這裡，連打架，他都不敢。「我不想在那裡，但是你們又要我在那裡，我要回台灣。」最後，無奈的媽媽同意把阿嬤接來。也不知哪來的勇氣，一年後，暑假的時候，阿輝自己坐飛機回台灣接那個不識字的阿嬤。祖孫倆，阿嬤從來沒出國，跟著第二次搭飛機的孫子，半斤八兩地來到美國。

阿嬤來了，跟著到美國「坐牢」。

這座監獄的「犯人」，由一位變成兩位。語言完全無法溝通，也沒有方便的華人食物。聖地牙哥海岸更遼闊於新竹，雖然是經典電影的拍攝場景，但她與孫子整天困在房子，成爲斷了翅膀的籠中鳥。

在台灣，她很自由，隨便都可以串門子。到美國後，她常常掛心，兩個兒子在哪裡吃飯？心理影響生理，悶著悶著，老毛病心臟病發作了。緊急送到醫院，冰冷與死白，無助與焦慮。鬼門關走了一回，命撿回來。

那段時間，陪伴在旁的捲髮孫子既害怕阿嬤會死掉，又愧疚害了她。老人家在台灣明明沒事，但被硬拉到美國，就出事了。

康復後沒幾個月，阿嬤「獲准出獄」回台灣。阿輝，再度孤獨。

沒有阿嬤的美國生活，阿輝必須適應，包括從沒相處過的母親、言語不通的繼父。從小學，升學到國中，他的童年也在美國步入青少年。語言逐漸熟悉，不再全聾與全啞，但孤獨沒有遠離。

小學畢業後，升學到一個校園環境複雜的國中，混著很多第三世界的移民後裔。經常，就會有兩群人在面前打起來了。在台灣很會打架的捲髮男孩嚇到了，只能閃躲。後來就不太想上學，五天上課，一半在蹺課，直接週休四天。

成績單來了，媽媽錯愕。「怎麼讀成不及格啊？」他才講出沒去上課。「學區不好，怎麼辦？」父母決定要搬家，換一個學區與學校。

繼父不錯，願意配合。

近墨者黑，近朱者赤。換了學校，也換了同學。他遇到讀書優秀的華裔同學，那些朋友，對他產生正向的刺激。

「爲什麼同樣是華人孩子，人家就能讀到好班。我是聰明的，爲什麼我不行？」

他長大了，也覺醒了，從混沌迷茫中醒過來，該要好好用功。

他選了一條艱難的路，確定要學醫。

「我希望，能夠功成名就，未來做一位大醫生。」

初到美國，阿嬤險些猝死的病榻伺藥，讓他感受到生命隨時會消失的無能爲力，點亮學醫的念頭。

該怎麼開始？必須拿得出理科成績，數學對華裔孩子並不難，但是他學業荒廢很久。當他鼓起勇氣跟老師申請，進入數學程度較高階的班。「我永遠記得，那位老師的態度。我一進去跟他拜託，就被一口回絕，第二句話都沒有，就叫我出去了。我覺得被侮辱，我想讀，你不收我，憑什麼啊？」

條條大路通羅馬，他就去圖書館借同樣的書，自學。

數學，自學？當一頭睡獅醒來時，千萬別低估牠的爆發力。

什麼叫廢寢忘食？就是這個意思。大衛變成好學生了，讀書讀到都不知道怎麼睡著了，書覆蓋到臉上。讀一段落，就跟著同學寫課後作業，請同學改。代數是這樣學出來。沒有老師教，無師也能自通。同學訝異，也羨慕他的領悟力。

是的，只要他想，就能學起來。

就是這股衝勁，這股不罷休的企圖，那個在台灣賭四色牌、初來美國時連ABC都不會、連連蹺課的大衛，七年後，上了加州大學生物系，醫學院的預科。

「如果不出家，你在醫生這個行業也會是很傑出的。」這句不是問號，而是我與光師父對談時的觀察。

按照原規劃，他在加州大學生物系後，將繼續修四年醫學院，然後，在美國步上醫師之路。

「困頓其實是非常好，處理得很好，是一個生命的轉彎。」光師父回想求學之路的覺醒，童年的被歧視、青少年的孤獨。

「去美國那個過程的孤獨，對我是好的，因爲讓我收斂起來，往內探索。苦是最好的老師。生命的苦是part of life，生命的一部分。就看你用什麼態度去面對，然後讓它來教導我們，來學習它。不一定是不好，如果能被轉成增上的力量。」

他的路何曾平坦過，他的人生絕少一帆風順。然而，不能一帆風順，竟成爲他出家後的祝福。

我說：「師父，你的童年、青少年，不管在台灣或在美國，都是在社會邊緣，這是爲什麼後來更能夠感受他人的苦？」

他想了想，點點頭。「在環境很順暢、很好的時候，反省的深度不會那麼深。」

一般，十幾歲的人就是孩子，但光師父已在探索生命的意義，在社會的底層時、在心靈的孤獨中。

允許自己檢討自己，
生命就會開始改變

我的兩個父親

生命中，有一位父親剛剛好，但他有兩位。

之前沒有爸爸，來到美國後，阿輝有了兩個爸爸。他的繼父，美國白人史蒂夫，爲阿輝辦理美國移民的是他，不是生父。

聊到童年，師父，你的心裡感受？

「還是會碰到心裡那個酸酸的地方，生命的一個痛點。」

兩位父親都是美國大兵，是母親在酒吧時結識的，一個拋棄她，一個娶了她。繼父從軍中退伍後，回到美國後定居聖地牙哥當郵差。一百一十公斤、一百八十五公分高的壯漢，每天揹著信件送信。回到家，像台灣的老兵，窩在電視機前，看政論時事節目。

史蒂夫生活無趣但顧家，也不菸酒，每月薪水都給老婆，自己只留一百美元零用金。迎來阿輝後，完整了三口之家。史蒂夫還盤算著，老家印第安納州一百英畝的土地，以後要留給繼子。

但平靜的家庭生活在阿輝來到美國的三年後，被打破。本是萍水相逢，就讓它萍水相逢，但月香始終忘不了卡爾，懵懂青春就愛上的男人。卡爾離婚了，而且近在咫尺，距離聖地牙哥一個半小時的開車距離。在台灣斷掉的緣分，撿了起來。

你知道之後，是開心還是不開心？

「不開心的，那個因緣已經斷了，為什麼現在又來了？」

你不渴望父愛嗎？母親不時慫恿：「去找你爸吧。」想把兒子推向卡爾，她也有藉口奔去。

「但我就不去，很抗拒。」在他心中，生父拋棄他們。「我厭惡他，恨他不負責任。從小，在我的心裡面，沒有父親這個角色。」

兒子不從，月香就自己跑去了，也沒有講清楚就跑掉了，曖昧地腳踏兩條船。一個女人與兩個男人的三角關係，拉扯多年。

「我無法接受，不想跟我生父住在一起，捨棄繼父。我沒有辦法理解這種複雜的情感糾纏，一邊是我的生父，一邊是從小把我扶養到大的繼父。」

兩位父親之間，阿輝選擇跟繼父住在聖地牙哥。

你會覺得，媽媽是不守婦道嗎？

「我覺得，她不應該。」

這場婚姻，建立在繼父的隱忍。一個燜燒鍋，委屈吞著，憂鬱含著。他愛著月香，曾經跑到妻子與卡爾的同居處。在法律上，他是合法的丈夫，但卡爾更早進入月香的人生。這段三角關係，誰才是第三者？

史蒂夫很痛苦，他等著月香回歸家庭。她偶爾會回來，但割捨不下卡爾，又沒有離婚。

他們沒有生育，史蒂夫極疼繼子，晚上會幫他看英文功課。「但是我就是有一種叛逆，不接受他的愛，經常言語挑釁他。他叫我往東，我偏要往西。」他像老外直呼繼父「史蒂夫」，雖然心裡認同，但年少輕蔑，即便從小缺乏父愛，但從來沒喊出口，爸爸。那兩個字放在心裡，哽著，但叫不出口。「他希望我能叫他『父親』……但直到他走了，都沒聽到這句話。」

錯過，就永遠錯過了。

光師父停頓，哽咽。空間安靜，聽到他微微地抽噎，無言的悔意。我無意，但已踩踏到光師父「心裡那個酸酸的地方」。

在準備回台灣出家前的幾個月，那時，母親月香已長期不在家。繼父如往常，一個人吃晚餐，簡單的三明治，在客廳看政論節目。一個人的日常夜晚，電視機聲音相伴。沒想到，隔天早上就趴在沙發上，心臟病猝死。電視整夜未關。當阿輝趕回家時，繼父白皙的臉已發青，四肢僵硬。沒有呼吸，沒有心跳，都沒有……。

人生最後一刻，陪他的是電視。

救護車到了，擔架進來，醫護人員必須把他已經僵硬、趴在沙發的四肢攤開，才能抬上去。「ㄆㄚ、ㄆㄚ、ㄆㄚ，僵硬的關節被打開攤平的聲音，迴盪在整個空間。我現在都還有印象，很震撼的聲音。」

媽媽趕回來時，他憤怒地指控：「妳要負最大責任。」月香沉默，默認丈夫是「傷心死的」。丈夫從沒背叛她，沒嫌棄她的出身，但她放不下初戀，深深傷害帶她到美國的史蒂夫，終致無法挽回。

告別式後，遺體被送回老家，美國五大湖畔的北方之州，從此遠離傷心的聖地牙哥。老家有史蒂夫的白髮母親。

「人生海海，要怎麼計較？計較不完。」她喃喃回憶。我後來與月香聊起這段往事。

我們都以爲人生很長，但真沒有想像中的長。

沒來得及告別，一句話都沒有。那年，繼父才四十二歲。他們在一個屋簷同住超過十年，父子緣分很短。這是光師父此生最深的遺憾，沒對繼父喊過一聲「父親」，沒來得及回報養育恩情。史蒂夫是他心中真正的父親，每晚幫他改英文的父親，與母親冷戰時，偷偷買漢堡給他吃的父親。

光師父的原生家庭——

陪酒的年輕歲月、縱情賭桌、腳踏兩條船的母親。

癡癡包容的繼父，情感浪蕩、吸毒的生父。

他的生父回到美國後，有一座牧場，也做修理車子生意。後來生意失敗，就販毒，也吸毒，整個不成人形，很糟糕。女朋友還是一個換過一個，婚姻也破滅，離了兩次婚。月香過去陪他，但兒子不肯。

「我怨恨他。爲什麼要把我帶到這世界，又不負責任？別的小孩會欺負我、講話刺激我。從小的憤怒，糾結很久。」

你心裡的最大坎是生父？

「對。這是源頭。生命中，打擊我最大的就是這件事。」

這個苦，什麼時候才放下？

「出家之後四年，慢慢地走出來。雖然他傷害了我，但學佛之後，我選擇往前走。不再放任過去的記憶，變成一個影子來干擾我。已經過去的事了，爲什麼還不放下？爲什麼要把負能量留在心裡障礙我？我接受一個事實，我的生父不是聖人，他是一個凡人。生命的成長過程犯錯了。怨恨他沒有用。」

「因緣所生的世界萬物，本來剎那就滅了。昨日已經消失，今天又是新的開始，但人們的心總是黏在那裡，轉不出來。佛說，過去心不可得！要不斷地鍛鍊自己，轉轉轉、努力地轉念。允許經過，去長出新的生命。」

你們父子有坐下來和解對話嗎？

「這是慢慢的。他始終對我愧疚的。當我原諒他之後，他常常講起來就哭，臨死之前還在講：『從小我沒把你照顧好，但是我很高興你變成今天的你。』那是一個和解吧！我們都希望能夠快樂一點，不要把那一些心結，打在心裡痛苦。」

「放下，是人生功課。在西方，叫寬恕。寬恕，是很重要的智慧。所謂恕，就是同理心，從他的角度去看。」

通常很難寬恕的原因是，他都不認錯……。

「他有沒有認錯？是他的功課。我是否寬恕他？是我的功課，不能把這兩件事擺在一起。我們送給人家的東西，如果他有修養知道感恩，他就會謝謝。如果只是希望對方感恩，然後才給，就會被他障礙了。」

好難喔⋯⋯。

「是，很難的。因爲心要準備好。當心還沒準備好，面對問題是沒辦法突破，只是在壓抑，內傷啊。」

寬恕，如果愈修愈熟練會到什麼境界？

「自在啊。你放過他，就是放過自己，把你的自在的空間打開了，你沒有障礙的地方。」

爲什麼要學習諒解？

「不只是諒解他的問題，還要化去不好的能量，不要在生命中再產生負面東西。如果想活得快樂，必須要好好學習這件功課，學習超越。」

原諒，是放過你自己

選擇寬恕後，生父也放下愧疚。這對父子的世間緣，也算圓滿。

兩個男人先後過世後，月香依舊留在美國。二十幾歲就到美國，大半輩子都在美國，早習慣了。指甲繼續塗上嫣紅，也依然沉迷於賭，習慣了。所幸不會再到拉斯維加斯豪擲千金，幻想一夜致富。賭之於她，年輕時是想脫貧，後來變成癮。內心沒有找到精神支撐，就把生活的孤獨，寄情於麻將、四色牌。

她與史蒂夫、阿輝三人度過多年的聖地牙哥房子，關上了最後一盞燈。史蒂夫過世後，月香成為卡爾的第三任妻子，不再是情婦。兒子則離開美國，告別大衛的身分，回台灣出家。

我要出家

加州大學畢業後，他棄醫，走上一條人跡稀少之路。

行醫是他很早就立下的志願，那是一個很複雜的心理狀態，除了想醫治人命，更想功成名就。

到美國後，「什麼也看不懂、聽不懂，也沒辦法說」的孤獨與緊綳，後來有了舒緩，但從沒遠離。

因緣際會，阿輝開始接觸佛法，一種微妙發生：「有一種歡喜，有一種安穩，好像回家的感覺。」從宗教得到喜悅，撫慰孤獨，這讓他每每開兩小時的車，從聖地牙哥到洛杉磯的佛光山西來寺。

那邊的師父很驚訝：「這個年輕人太特別了，怎麼會開那麼遠的車來學佛，就介紹聖地牙哥也有佛光山。」就近後，他更頻繁地去，一方面幫法師翻譯，也有系統性地學佛法。

「我是一個對佛教很相應的人，總覺得好像學過，就是很熟悉。我前世就是出家人嗎？或許是，我有這種感覺。別人對佛經的理解可能很多障礙，但是對我是那麼清晰的一件事，不知道爲什麼。」

在歡喜中，未來的人生道路地圖，除了行醫，隱隱約約也多一條出家的路。阿嬷在美國心臟病發後，他就開始吃早齋，到全素。既然很歡喜：「爲什麼我不出家？」

但是，「身邊朋友裡沒有出家人，大家都嚮往世間的這些成就，這是根深蒂固的社會價值。」

但是，「我是獨子，我不可能放棄媽媽、不管她，就出家去。甚至，該讓她覺得她的孩子是有成就的。」

但是，「我本來要當醫生，大學也讀一半，出家不就放棄原本規劃？」

好多「但是」，審視到最後，癥結原來是自己是否願意放下，不斷反思：「人生到底想要什麼？」

大三的時候，道路明朗了。「在學佛裡面，我很快樂，爲何不追求？」於是，確定換跑道，出家。

第一個要溝通的人是媽媽。

一天黃昏，他從寺廟回來。月香回到聖地牙哥，穿著花花格子褲的她在廚房煮晚餐。背後，傳來兒子的聲音：「媽媽，妳選擇了妳自己的路。我也想走我的路，我要出家。」

月香靜默，只有切菜聲，繼續煮飯。母與子，黃昏下的廚房告別。

「我隱約聽到她輕聲在啜泣。」

她無力挽回。從兒子週週勤跑寺廟，她隱約感覺會有這一天。只是、只是仍心存僥倖，希望不會發生。她不敢想像，把獨子拉拔到大學，卻要承受孤單晚年。

她很想說什麼，卻顯得蒼白無力，她理解自己在感情的三角關係，讓糾結其中的兒子心痛。

煮完飯，三人沉默地用餐，繼父也大約在那時得知這個決定。

跟媽媽講完後，有一次，星雲大師到西來寺，寺方就安排他去見面，確定大學畢業後，先回台灣佛光山。這年是一九九四年，二十四歲。

離開台灣時，小學還沒畢業，英文字母都說不清楚，如今已從美國大學畢業了。要回到台灣，他心底的故鄉。有在社會底層打滾的痕跡，有從小喜歡的霹靂布袋戲，很草根的文化。

在剃度前夕，他打電話給阿嬤，說要出家的事。電話那頭，阿嬤悠悠地說出媽媽心裡的話，也是阿嬤的不捨：「你媽媽就你一個孩子，培養你讀大學畢業。你要出家，這樣好嗎？早知道要出家，就不用讀那麼多……。」

早知道要出家，就不用讀這麼多書。這似是多數人對出家人的看法。出家人的教育與歷練究竟當如何？這也是光師父在往後出家之路，不斷沉澱的課題。

像烤爐的夏天，高雄大樹鄉，田裡的鳳梨埋在刺刺的大葉子，準備採收；樹上枝頭是累累的荔枝，紅紅搖曳。這裡是鳳梨與荔枝的大本營，也是佛光山的總部所在，阿輝準備在這裡出家。

「正式剃度是什麼時候？」

八月二十八號，在高雄佛光山的大雄寶殿。大雄寶殿，供奉將近九公尺高的巨大釋迦牟尼佛像，大殿四周還有一萬四千八百尊釋迦牟尼佛聖像。殿內一口銅鑄、三千八百公斤的大鐘。還有，直徑一點六公尺的大鼓。高且大，是大雄寶殿予人的震撼。

這天早上，有七、八位準備出家的人。走入張大千蒼拔題字的「大雄寶殿」匾額，大殿內只有最上層透光。這是當時星雲法師建造的初衷：「不要窗子，關閉它，向內看。有了窗外的美景，修道人就會把心修到外面。」專注於內。

出家人必須具備三衣、缽、具。

三套僧侶衣服，分別在平時、工作、就寢時所穿。過去僧侶的衣服，由一塊一塊的布縫製而成，就好像一塊塊的田地。這是模擬水田的阡陌，出家人披上福田衣，就可作爲世間的福田，讓眾生求福求慧。

它另一層意義是「百衲衣」，佛陀當初規定出家人的衣服以遺棄的拼縫，由於穿著衲衣，有時出家人會自稱「老衲」。

缽，是原始佛教時期，出家人外出托缽乞食的碗。現在，外出托缽已非必需，但是吃缽飯的規矩還是保存，這有遵循佛陀教法而行的意義。在《金剛經》經文開頭，就反映原始佛教的生活：「爾時，世尊食時，著衣持缽，入舍衛大城乞食。於其城中，次第乞已，還至本處。飯食訖，收衣缽，洗足已，敷座而坐。」

還有一個確認出家的環節，必須在出家的誓願書簽下名。光師父記得這天，記得簽名時，顫抖的手。在必須簽下名字的關鍵時刻，內心怎不猶豫？念頭再度蹦出：「我要出家嗎？」落筆簽下，就此告別紅塵，新的生命跑道。

這如一枝準備射出去的箭，射出去，就很難回頭。

世俗人間與佛教寺院，牆裡牆外，是不同世界，不是簡單的終日伴著青燈古佛。

Two roads diverged in a yellow wood,
And sorry I could not travel both.
And be one traveler, long I stood
And looked down one as far as I could
To where it bent in the undergrowth;

Then took the other, as just as fair,
And having perhaps the better claim,
Because it was grassy and wanted wear;
Though as for that the passing there

Had worn them really about the same,

And both that morning equally lay
In leaves no step had trodden black.
Oh, I kept the first for another day!
Yet knowing how way leads on to way,
I doubted if I should ever come back.

I shall be telling this with a sigh
Somewhere ages and ages hence:
Two roads diverged in a wood, and I—
I took the one less traveled by,
And that has made all the difference.

「黃樹林中，分岔成兩條路，而我選擇較少人走的，這也造成之後的迥異。」——羅伯特．佛羅斯特（Robert Lee Frost），〈未走之路〉（The Road Not Taken）。

脫下俗世的衣服，沒換上白袍，他走上一條人跡稀少之路。此後，不再是菜市場的阿輝，不再是準備在美國行醫的大衛，他就是光師父。

一個醫生的緣滅，一個和尚的緣起。

放下，
是因為你允許其它的可能

開始菩薩寺

醫生的緣滅了，不意味，和尚的緣起順利。光師父的出家之路，花了一些時間摸索。

揮別美國大學生活，進入寺院日常。

每天，天還漆黑，星星還高掛，四點半就要起床，準備五點做早課誦經。僧侶們魚貫走入大雄寶殿，開始一天。

星雲法師說，早晨起來先上早殿，與佛菩薩接心、用功。這就像公雞報曉、鳥獸覓食，勤奮的動物都是早起。

禪修打坐，也是出家人的功課。初入佛門的人，沒辦法盤腿久坐，如坐針氈，身體像一隻毛毛蟲。再不然，打坐打著就睡著，重心不穩從凳子上掉下來了，砰一聲，頭撞到地板。

天氣的適應也是問題，高雄夏天的熱實在是恐怖，整天是滿頭大汗。全身都包起來的，所以經常就是濕答答的，滿身大汗流汗流的。

進佛門，並不容易。

更大挑戰是進入大寺院的適應。原本的家只有三個人，轉換後，「家」放大到上千人的僧侶。來自不同的社會層次、沒有血緣關係的家人，從某個角度講是一個複雜的社會。組織很大，事事無法隨心所欲，須經過允許，好像被綁住手腳。

「其實，我有一陣子很苦惱的。」

「身是菩提樹，心如明鏡台，時時勤拂拭，勿使惹塵埃。」

「菩提本無樹，明鏡亦非台，本來無一物，何處惹塵埃？」

菩提樹在眼前，但菩提在哪？

總部園區裡，常見高聳的菩提樹。原生於印度，心形般的葉面有一條長長尾尖，這是它「自備排水溝」，讓大雨不會逗留在葉上，避免太陽直射時燙傷。那根尾巴是菩提樹的智慧，千萬年演化，在困境中找到出路。

菩提樹的智慧，無法將光師父從煩惱泥淖拔離。他的心，被塵埃覆蓋，不再像與母親告別時那般堅定。

自由慣了的他，適合出家嗎？很壓抑。他打電話給阿嬤。老人家聽著他的煩惱，原本捨不得孫子出家的阿嬤提醒：「你以前不是說，煩惱的時候，就去拜佛嗎？怎麼不去拜佛。」

拜佛！他豁然開朗，心裡的烏雲散去一大半。「有道理，我開始晚上去拜佛，跪在佛前，把內在所有委屈啊、苦啊，通通跟佛說。」

夜黑，殿靜，佛在，煩惱紛紛落下。就這樣，一個晚上，又一個晚上。一個白天，又一個白天。度過擺盪的前幾年。

阿嬤如果那時候勸你還俗，發展可能就不同喔？

「對啊，可能就回去了。我之後反省，她是我很大的助緣。」阿嬤不識字，不會唸經，但是吃早齋的她對佛教是有信仰的。

經過多久，你出家的心才完全安定下來，到達穩定？

「兩、三年吧。」

他在佛光山總部授課，不斷審視僧團教育該如何進行。他也隨星雲法師到世界協助翻譯，「有太陽的地方」就有佛光山，見證佛光山快速遍布全球。但是，光師父始終不適應大組織，對僧侶的扎根教育也有堅持，玄奘法師的境界是他嚮往的，一個學問僧。

在佛光山十一年後，那時三十五歲，他先是請假回美國，然後寫信正式向星雲法師辭別。他低調離開了。

開始了「小小的菩薩寺」，一座台灣最小的佛寺，最小的門。

爲什麼要小小的，連大門都小小的？

「回到內在，認識自己的生命，這件事必須謙卑。覺醒的第一件事是謙卑，當我們愈謙卑，生命才會愈廣大。」

爲什麼菩薩寺的外觀不像傳統的寺院，完全顛覆？

「佛教沒有所謂的宗教建築，古代寺院是當時的貴族把自己的生活空間貢獻出來，讓僧人修道。現代人沒有人住在那樣的空間，但寺院還是沿襲同樣的建築，就會跟人脫節，成爲拜拜的地方。菩薩寺希望回到佛法的本質，不以傳統寺院的形象來建寺。到這裡，像來到山林裡，放鬆、自在。空間簡單、質樸、自然，沒有太多裝飾，那不是佛教的本質。牆面有坑洞，那也是自然的表現。佛說『要真實地面對自己』，這種直接就是一種真實的看待，不要想去遮掩它。」

菩薩寺小，但把空間給了落葉的大樹，似在回應佛陀的誕生、成道、涅槃，也回應人生的起伏？

「佛陀的一生都離不開樹。樹的花開花謝，也似我們的生命起落，譬如菩薩寺門口的老梅樹，四季不同，夏天綠意，秋天落葉，冬天白花。」

菩薩寺也奇，把樓梯都裸露在建築體之外？讓人很不方便，下雨颳風，還要拿著雨傘。爲什麼？

「爲什麼要讓你方便？我們平常已經太方便了，在家裡就是很舒適啊。來這裡就是要學習，讓你不方便。爲什麼讓我們在不方便去學習？因爲太方便的時候就會習慣依賴，我們的心就沒有力量。不方便，就必須學習克服超越。」

斷煩惱從自覺開始

八年校勘 三度閉關

在菩薩寺三樓，不及十坪的僧房，一張木床，與整牆與落地的經書，光師父獨處閉關。不見人，不言語，只有自己與千年歷朝的古籍。他統整各朝代的玄奘譯本的《大般若經》，進行勘誤。

隱居校對，他不與外界接觸，如一個密封的醬缸。唯一通向外界的是，從窗戶溜入的光。窗外是衝到三樓的老榔楡樹。房門外，有一座櫃子，當飯菜好了，引磬敲三聲，「ㄉㄧㄤ、ㄉㄧㄤ、ㄉㄧㄤ」，食物來了。

敲擊，是在閉關期間避免碰到人的信號。吃喝拉撒睡，都在裡面。有話要說，光師父就留紙條在回收餐盤上。

這是他爲勘誤玄奘譯本的《大般若經》，第三次閉關。這次，無論如何都要完成。他從三十六歲就開始投入，人生風華正盛，爲何如此發心？

「漢傳佛教對《大般若經》的學習，斷層很嚴重，已經很少人在弘揚，但這是佛教裡面最根本的思想，思想沒有被正確理解，如何斷煩惱？」

原文是古梵文，一千四百年前，唐朝玄奘大師到印度十七年取經。歷史記載，他精通古梵語和巴利語。六百卷《大般若經》只是他帶回來的部分，但這已有五百四十萬字。

《大般若經》是佛法根本教義所在，生命的智慧。它總共十六章，各章獨立，但都在講智慧，《金剛經》是其中第九章。《心經》是其中精華，相似文字出現在第二章。

「當我們正確地認識自己和環境時，自然就能消除，心中的煩惱。」

從唐代到現在，一千四百年來，歷經宋朝、明朝、清朝，累積的謄抄錯誤該被訂正了。若錯在關鍵的字句，意義就會不同。

六百卷，如果一天讀一卷，要將近兩年。本來只是要出版，但簡單校對就發現很多錯誤。循線追歷朝版本，才發現不知道何時被改錯了，整個意思跑掉了。

既然要印，就要正確，不要變成廢紙。才會衍生出整體大校對。

五百四十萬字的校對，整面書牆，就像圖書館的書海森林。我完全無法想像如何進行。我問光師父：「你的中文程度只有小學五年級，怎麼有能力閱讀古文，甚至校對？」他也不知道如何解釋。即便在大學，輔修中文，有補古文的基礎，也都無法解釋他在這方面的天分。

除此，我也沒辦法理解，爲何有人要自告奮勇做這事？一次再一次的閉關，第一次閉關沒完成，再一次還是無法完成，於是八年內第三次。

對於不懂得獨處的我，閉關是一本天書。我不懂叔本華的「一個人在獨處時，才能成爲真正的自己」。我也不懂尼采：「我需要孤獨，回到我自己，呼吸自由、輕快、活潑的空氣。」兩位一、兩百年前的哲學家如果與光師父對話，肯定迸出很多火花。

比起閉關的長時間封閉，獨處真是小巫見大巫。我總想起，封起來的醬缸，密閉黑暗中，不知會發酵出什麼。

「閉關最難的，就是孤獨。在狹小空間，一直讀那些經文或打坐。」

第一次閉關時，菩薩寺尚未建好，什麼都沒有的簡陋。葉師姐護持光師父的三餐，經常事情談到一半就要趕快穿起圍裙去煮飯。外面發生很多事，水管忽然爆裂，還莫名遇到幾萬隻白蟻飛來飛去。心疲累到常在外面流淚。

第二次閉關，菩薩寺建好了，但還是貧乏。師父的起居室什麼都沒有，只有一張矮木床，兩岸所有的經書都攤在地上。

前兩次閉關，還在閱讀與整理校對邏輯，外部還有十幾位法師一起工作。第三次閉關，光師父已經四十五歲。

比你想像中還要難嗎？

「難很多。」

經文很艱澀，古文沒有斷句，加上前面三分之二的內容一直重複，繞來繞去，經常讓人迷路其中。葉師姐多年前讀過前四百卷，讀到自我懷疑：

「我是不是有什麼問題？這明明昨天讀過了，現在為什麼還有？後來只好每次閱讀結束，在那裡筆記日期。」閱讀如此，更別說校對的困難。看到都想吐了，眼花撩亂，不知身在何處。

佛陀講經為何那麼囉嗦，不言簡意賅？

「它是在培養我們的定力，要人專注。」光師父說。

第三次閉關，閉關到一半時間，發生很痛的遺憾。

一張紙條遞進來，「阿嬤過世了」。

入關前，他已有最壞打算，因為阿嬤開始有幻聽幻覺。不希望發生的事，還是發生了。

「要不要中斷閉關？」

出乎意料，光師父決定繼續校對，不出關。

媽媽說：「不出來送最後一程，你會遺憾。」很大的情感拉扯，但他清楚也理性決定，阿嬤離去是已無法挽回的事，但不完成校對，真的沒有時間。無法在告別式送這輩子最重要的人一程，光師父隔著電話聽筒，情緒潰堤。

第三次閉關唯一一次的開口，就是透過電話跟已遠行的阿嬤說話。他大哭，祖孫倆天人永別。往事歷歷，一幕幕如膠卷倒帶：跟阿嬤到市場賣魚、接阿嬤搭飛機到美國、言語不通的美國相依、打電話給阿嬤訴苦初入僧門的壓抑……他真正的母親，「嬤」！

世上沒有永久的關係，好的關係，壞的關係。人生，就是不斷的告別，歸於塵土。告別繼父、告別生父，如今是阿嬤。

掛斷電話，平復情緒，他繼續校對古經，只容窗外的光線溜入。

六個月過去，第三次閉關還無法結束，比預期還久。壓力與孤單同時襲來，能完成這麼龐大經文的勘誤重任嗎？但又似乎不完全孤單，冥冥之中，彷彿諸佛菩薩同在。

每天四點多，關機的電腦螢幕會自動亮起，像鬧鐘一般。怎麼會突然亮起？而且每天固定，好像說：「起來、起來，工作了。」不只如此，清晨時，耳朵會聽到隱約樂音，好像在敲法器。

十一個月後，光師父出關了。農曆春節前夕，前院的老梅樹，滿樹白花報春。徒弟來迎接，近一年不見，眼前的光師父像森林裡走出來的泰山，初到人類文明社會。太久的不言語，聲帶必須適應發聲，容貌也讓人吃驚，髮長鬍長指甲長。

這次閉關，師父在個人修行上也有收穫？

他點點頭。「孤獨之中，心夠安靜。沒想到，鍛鍊了心的定力與專注力。校對中一直磨磨磨，磨到必須察覺極細微，觀察力變得非常敏銳。第三次閉關，收穫一輩子的能力。」

我反覆想著這句話，心夠安靜、心夠安靜……這不正是古人的「定、靜、安、慮、得」境界？

第三次閉關出來後，再費時兩年，勘誤收尾與編輯，四十一本《大般若經》全套才出版。這是漢傳佛教的一個里程。

完成這件大事後，也是隔年，光師父遠行，到佛陀的故鄉。

學習佛，不是信仰佛

飄洋尼泊爾

這趟旅程的最後，我飛回加德滿都，又去一趟山坡上的菩薩沙彌學院。這天，光師父下廚做披薩。

這座窯烤爐，是他研發建造的。做披薩容易，但是砌造窯爐就挑戰了，學理科的光師父既有發明家的研究理性，又有易感的情緒。兩個，都是他。在美國的十一年，擴充他的東西方視野，也擴充他的味蕾。

我們在頂樓，看著同樣的太陽沒入山頭，同樣的加德滿都萬家燈火，繼續光師父的故事。

「師父要去尼泊爾辦沙彌學院，我第一個反對，要花好多錢喔。」小小的佛寺，怎麼會發這個大願？葉師姐說，尤其才剛完成《大般若經》勘誤，還沒喘過氣。「你自己去。」這次公然違抗師命。

從光師父開始菩薩寺後，她就一直護持，建寺、經費、閉關……說不去，是心裡的不願意，但真的就不管嗎？

在尼泊爾辦學很辛苦，一個人怎麼拓荒？人單勢薄，這輩子未必見到成果。我想起光師父說：「這一世沒做完的，我下輩子還要再來。」師父領軍，葉師姐儘管萬般不願意，但還是繼續支持尼泊爾沙彌學院建校。

前期的苦，一言難盡。

印出六百卷《大般若經》的隔年，二〇一四年，光師父落腳佛陀誕生地。知道苦，知道這裡貧困，但沒想到這麼落後、恐怖。

初期，沙彌學院的房子是租的，在市區一個吵雜、破破爛爛的庶民區。經常，洗頭洗到一半，泡沫還在頭上就沒水。刷牙刷到一半，也沒水。那個井水，有的時候有死青蛙。水打開是臭的，但已經含在嘴巴了。沒水，怎麼辦？每個禮拜叫一輛水車，但也不知道那水從哪裡來的，心裡忐忑，還是用。

二〇一五年，尼泊爾發生世界級的大地震時，房子震壞了，沙彌們不敢住房子了，下雨寧可住帳篷，因爲餘震持續。

地震當時，師父正在北美洲監獄弘法。大家都要逃難了，但葉師姐連忙飛去加德滿都。安頓好沙彌們後，她走入最深的災區，押著兩輛物資的卡車救災。

卡車過河，車子先開過去，但下車步行過河的小沙彌嚇壞了，堅決不過。「我一個一個抱著過河的，有一個就是堅持不肯，他說以前在山區，像這樣的河流會忽然沖出大水沖走人。他很害怕過那條河。」

喜馬拉雅山雄偉，但無情，山上的河也無情。它的隆起，造成這區域形成多地震帶，凶狠起來，沒人能倖免。

外地來的葉師姐，還不知道懼怕。山區長大的小沙彌知道，引路的尼泊爾人也知道，太危險了，之後就不願意再帶路。

果然，他們過河後，兩個先行的小沙彌跑回來說，另一輛卡車翻覆了，橫倒山路，物資散一地。怎麼辦？沒有車了，只好改爲走路。沿路都是屍臭味的，水也是髒的。走到最後，大家又餓又渴了，只好回頭把第一輛車送到的物資，再要回來吃。泡麵一打開，還是需要水。沒水，只有兩個選擇：吃？還是一路拉肚子？選擇拉肚子的人，真的就拉了好久。

那天一直走路，走到半夜十二點多，手機都沒電照路了。

持續救災過程，他們看到喜馬拉雅山國的貧窮與百態。

譬如，有一次明明要去甲地，但是在之前的村莊，物資就被攔截下來。這是另類的搶劫。「把貨留下來！」怎麼辦，賑災遇到「土匪」，給，還是不給？不給不行，村民會暴動。

那個當下，難民與土匪的界線是模糊的。人在窮途末路時，樣態百百。即使抵達目的地，爲了避免發放時，村民搶救濟品，葉師姐必須要躺在卡車上鎮住物資。

人，窮到盡頭，困到末路，你盡可以說，無異於野獸。但不這樣，還能如何？外面世界的人，以高高在上的道德尺去衡量這種種，是不知人間疾苦。

這是一個怎麼樣的國度？

「它是一個落後的國家，加上教育水平不足，政府體制腐敗，所以基礎建設都沒做到位。完全禁不起天災。這裡不是偶爾天災，是每年幾乎都會發生，乾季過後，數個月的雨季，山坡土石流，整個村落都沒了。」

我從喜馬拉雅山歸來的四個月後，進入雨季的山國遇到五十年來最嚴重的豪雨。我從新聞看到災情，視訊當時在山國的光師父：「現場如何？」

他描述，河道附近的村莊幾乎都毀了，重災區距離加德滿都五十到一百公里處。一千多戶房子毀了，道路、橋梁整個斷掉，都沒辦法進去了。

「突然間被震撼到，大自然的強烈反撲，力量是很大的。整個山的一半都滑下來了，地基被掏空之後，一座座房子整個倒到水裡面去，像玩具般地輕而易舉就被沖走。」

生命、親人，瞬間都沒了，根本來不及說什麼。

天有不測風雲，不只是一句成語，在山國現場就是血淋淋的生與死。師父，我們並不知道風雲與不測何時來，來時，該怎麼去安頓心？

「這就是無常，生命就是這樣子的脆弱。大水一來，整個村莊都沖走了，倖存者一生的財產、親人，瞬間就沒了，那種不捨、痛苦。這會提醒我們，平常的執著、煩惱都不算什麼；會提醒我們，比起別人的痛苦，我們是幸福了，沒有太多好抱怨的啊。」

「人，如果一直在很幸福的狀態，多去看看災難，會比較惜福，更能理解生命的無常。」

「身在富貴之家跟平順之家，雖然是祝福，但也未必如此。在舒適、歡樂的順境，會麻痺對無常的警覺。萬一無常來時，受到打擊會比貧苦的

你對別人的慈悲，
來自於對自己的慈悲

人，來得大。」

富貴也好，貧困也好，老天爺其實蠻公平的。

大地震沒有震跑光師父。二〇一六年初，沙彌學院從市區搬到現在地方，定下來了。

在這裡有一座苗圃，還養著蚯蚓。從高山杜鵑到楓樹、橄欖樹、玫瑰、玉蘭……喜馬拉雅山不同海拔的樹苗，一盆盆，小小的，還不太分辨出差異。

它們，本來不該相遇，如今都在光師父的苗圃集合了，來年會開枝散葉在鄰近山野成爲一處處風景。一如沙彌彼此的相遇，一如與來自另一國家的光師父相遇，日子還是辛苦，但是一天比一天好。

這是一個什麼樣的生命能量，從被遺棄與憤怒開始，到立願千年古經的校勘、遠渡喜馬拉雅山國建沙彌學院。光師父在經歷人生的起盪，酸甜苦辣，如何看待不同階段的人生智慧？

接下來，這是我想續聊人生的「追逐、巔峰、下山」智慧。

天色全黑了，可以開吃披薩了。

第五章

生命的六十八問

剛剛好
是大智慧

金錢不是壞東西，將財富視為唯一，才是問題。

1　**我們從小就被灌輸努力讀書、功成名就，賺很多錢。師父以前也被這樣期待過……？**

有啊，我都對自己有這樣的期待，當大醫生，也往這條路上走。走到半路發現，生命好像不只是這回事，應該有更深層的。

大家都在追求功成名就，但它真可以帶給人快樂嗎？如果賺了很多錢，但是不快樂，所爲何來？爲什麼要擁有那些東西？

當大醫生是我的理想，大學也讀一半了，但是人生到底想要什麼，還是不確定。我不斷地自問與自答，問了很多年，答案越來越明朗。我感受到真正快樂的我，既然如此，為什麼不追求？

就這麼簡單，很大的人生問題，也是很根本的問題。誠懇地面對真實自己。

2 但是沒有金錢不踏實，好像找不到人生要幹什麼……。

所以應該要探索，找到生命的意義。找不到的時候，生命是浮的、沒有重心。什麼才是真正的快樂？每一個人都應該去探索的，很重要的事，卻沒有花時間在這上面。

3 是不是因為快樂摸不到，財富看得到，所以大家就去找眼睛看得到的東西。「我很快樂」無法炫耀，但「我有錢」會被羨慕，人們就

陷入這個追求的循環？

你講得沒錯。財富可以摸得到，但內在的東西、精神層次的快樂，只有自己知道內心是處在什麼狀態，它無法炫耀。於是，最重要的東西就被放在最角落。

4 「我要變有錢人」，這可以是一個生命態度嗎？

可以啊。想發財，沒問題，不是要鄙棄它，但只有這樣是不究竟。這個價值觀只能解決物質層次的問題。金錢，不是壞東西，但它是雙面刃，你既需要它，但是不可以執著於它。如果執著，內在就會被侵蝕，遇到誘惑的時候容易走偏。

你看，全世界有多少總統下台後走入監獄？權力的巔峰，誘惑的巔峰。

5

財富與快樂不是敵人？

它們不是敵人，不是對立的。將財富視爲唯一，才是問題。

6

很多追求成功的起步，沒想太多，只是想脫貧，人生願景未必清楚想過，是模糊的……。

追求財富，路上碰到狀況也是學習過程，沒有不好，可以不斷地檢查自己到底真正要什麼。

沒有人天生可以把「願」看得清楚。一開始模糊，無妨，你可以靠近它、思考它，就越來越清晰。理想不會一成不變，也會調整，如果它調整得越來越好，會越來越強大。

7

我專訪過一千位企業家，看到太多的追求；爬上一座世界高峰，還要繼續再往上，大還要更大，像籠子裡的土撥鼠。商場是一個極度淘汰的大環境，它沒有止境……。

沒有止境，這沒問題。問題是你的心是不是快樂的，在面對困境、煩惱時，有智慧去處理、可以承擔？

很多人往往一直有遭遇，但沒有在遭遇時追根究柢生命的本質：心是什麼？我說：「我很快樂，快樂是怎麼生起？我很痛苦，痛苦又是怎麼生起？心到底是怎麼起變化？」

如果人生只是追求表象，最後就會被綁架，被金錢綁架、被權力綁架。

8 成功，不是一個好東西？

這是定義的問題。如果活出生命的豐富，活出生命的燦爛，讓生命變得有意義，就是好東西。這不容易。譬如：經營事業賺很多錢、成爲領導者，這是物質層次的成功。往往我們只從物質層次去衡量一個人的成就，物質層次來來去去，但是一旦擁有精神的財富，沒有人搶得走，這才是真正成就。

9 成功伴隨而來的是，站在高峰時能對話的人很少，有苦無處說。無形壓力有時讓人連好好睡覺都是奢侈，必須長期仰賴安眠藥。或者禁不起外部誘惑，家庭出問題；贏了事業，輸掉更多。高處不勝寒，太多這樣的事，我有時都疑惑，人生何苦要站在高峰？

不是，關鍵是用什麼態度去處理它。

福報愈大，智慧要能成長。

如果沒有智慧處理此時生命的問題，怎麼有辦法解決這些錯綜複雜？在熟悉的事業上，可以呼風喚雨，但是不熟悉的領域，就像一個小孩子，也傷了別人。

成功的人生，必須是全方面的，不是只有在事業上，在面對各式各樣的經驗，是不是有能力去妥善地處理？包括家庭，或親子關係。

有一句話說，德不配位。一個人坐高位，如果他的心沒有相對成長，沒有成熟到那個層次，坐在那裡是不安穩的，很快會掉下來。

10 站在高峰的權力是迷人的、習慣的、也有責任的，我也看到商場上，即便年紀大了，也不放心接棒者。怎麼辦？

有人一輩子爲了工作而活，沒有其他東西，突然把這個拿掉，會失去重心。結果他下面的人苦啊，因爲他一直不放權力。這就是怎麼看待權力。再深一點，再遠一點，不放也得放，因爲你會死，爲什麼要到最後？當你知道時間不是永遠的，必須要有人來接，爲什麼不儘早做？

財富、權力，世上有沒有不變的東西可以被抓住？沒有啊。就是無常，就是緣起緣滅。樂，沒有永遠的樂；苦，也不是永遠的苦。只要因緣改變，它就產生變化。面對苦的時候，我們應該積極地去改善；面對快樂的境界，不要執著、傲慢，因爲快樂不會永遠存在。

好的，不要執著；不好的，也不用恐懼。

不接受無常，煩惱和苦就來了。

11 **人們越來越「外求」，這是苦的來源，可是從小沒人教我們，不斷考試的學校體系也沒有教……。**

沒有，一直沒有。

學校教改善生活的知識與技能，這是外在的，不是心裡。如何改善生命的品質，一直沒被碰觸。一般多在宗教裡探索、在遇到困頓之後。到底生命爲何而來？離開世界的時候，多少人會懷念你我？十年、二十年後，這個人根本就沒有存在過，完全消失了。但如果生命有價值的，它會被記得。

12 快樂在哪裡？

我如果很有錢，就很快樂？如果很有權力，就很快樂？如果有很大的事業，就很快樂？……這些是快樂，但都不能究竟快樂之道。

真正的快樂是由你的心決定。真正成功的人，是因爲心已經照顧好了，所以他會快樂。如果心沒有照顧好，縱使擁有世間一切的財富與權力，他還是不快樂，還是一個孤單、煩惱的人。

生命是以心爲根本，不是以物質爲根本。

13 快樂與享樂，有什麼不同？

真正的快樂會共鳴到生命的深度。當它對生命有很大的意義，就會感受到幸福。享樂不同，享樂是感官的，只在短暫瞬間、淺淺的。

14 生命有苦也有樂，師父你在學佛之後，苦的來源「貪嗔癡」的困擾還大嗎？

每天都在面對，我也是凡人。

苦是Part of life，生命的一部分。不見得是壞事，它是中性的。看你用什麼態度面對，它會是下拉的力量，也能被轉成增上的力量。

生命智慧

人生不容易。高峰，有高峰的風景。谷底，有谷底的風景。山腰，有山腰的風景。人在不同階段，修不同的智慧。

允許「慢」，等待因緣成熟就是要慢、要耐得住。

15　追求成功，一路上都是聰明人。聰明人也有生命功課。光師父在菩薩寺成立初期，領導團隊時曾經碰到挫折，談談這段經歷？

聰明的人容易不耐煩，到最後，關係破壞與疏遠，有些好事就消失了。我個性是急的人。菩薩寺成立時有比較多的法師，有各自的節奏，但是我覺得，太慢了，做事不積極。

那時候，我的態度是不好，會有苛責。我的要求，帶來壓力，他們心生不歡喜，久而久之就出現裂痕。後來一個個離開，寧可在外，不要在內部。

老天給每個人都有功課，之於我，是該怎麼樣放緩腳步，來完成生命的功課。

16 這是反映你的年輕氣盛？

對。也把成事看得太簡單。我們的本心，不是要破壞團體，但常常是一句話講得太快了、傷到，因緣就變了。

交辦一件事情，但是他能力不夠，怎麼辦？你強迫，他做不到，就變成壓力，如果長期都在這種狀況，不會把事情做得很好。學習應該是歡喜的，如果是歡喜的事，即便辛苦，還是會把事做好，不會是完全沒進展，就是慢一些。

這牽扯到生命的成長，還沒有成熟到可以完成，就要等待。

17 聰明未必能成事，沒想到師父也有過一段探索、從中的領悟？

我覺得，只要努力就好。成果是自然的，不是要求的。過程，反倒是最該學習的東西。心態上立定目標，所有的能量往那個方向去推動，用功地完成該做的事，這個就是學習。

從出發到結果，中間都是學習。這才是最重要的。

過程會遇到困難、不容易突破，當我們只看到眼前的問題，忘記目標，困難就會變得很大。如果你是想到它的價值，把所發的願再提起來，爲什麼要這樣辛苦？再次發心，就會願意去爬這座山。

水到一定渠成，窮急也沒用，允許「慢」，等待因緣成熟就是要慢、要耐得住。這是在修忍耐心。

18 聽起來，天生慢的人挺好的，生活節奏活在舊時代？

不是這意思。慢，不是目的，而是過程的一個學習方法。如果天生這樣子，就變成習性。我不是要強調這種習性，而是說，因爲跟隨者沒辦法快速成長，所以聰明的人必須懂得慢下來，讓跟隨者有機會好好地學習沉澱、消化，把事情做好。

一開始蠻尷尬的，你明明就可以又快又好地完成，爲什麼要慢？內心也委屈。爲什麼會委屈？你會看到自己的掙扎。

聰明人的稜角，來自沒有自我覺察，變成自負或傲慢。這要透過事情來磨，進進退退，把稜角打掉。

19 覺察比較難？還是「修」比較難？

「修」比較難，這牽涉到我們的習氣、慣性。雖然「我知道，但是我做不到」。傲慢的人，學習謙虛，折伏自己。

爲什麼要折伏？伏的意思，趴在地上。

這世間很奇妙啦，優秀的人身邊會出現很多類似境界來磨，磨得愈光滑愈圓，就不會尖銳，慢慢懂得內斂。

20 這是否就是「藏鋒」的境界？

對。鋒芒四射會產生傲慢，傷到人，要收起來。藏鋒守拙，才能到更上一層。

聰明人的生命其實不容易，身邊多少人可以跟他比擬？沒有啊。怎麼去凝合因緣？不是展現聰明，而是要懂得藏鋒，降低自己。

帶團隊，不要一直往前跑，跑到最後剩下你一個人在跑。有成就的聰明人大概都經歷脫落，或者走過眾叛親離。一定有這個過程的磨練。有的人就到這裡，就卡在這個地方，沒有更大成就。

21 傲慢與自我，它們是很靠近的情緒嗎？

傲慢來自於太自我，會傷害到人而不自知。

它也有一種上對下的意思。他看不起，想要表現出優越感，就怕別人不知道「我是站在高峰」。但，站在高峰只是一個因緣而已。

22 師父，你沒在職場待過，怎麼知道這些？

這些都是人性，每個人多少都帶有這些念頭。

但有些人不察覺，認爲自己都是對的，有何不行？好因緣的聚集是你成功的要素，但人成功之後，在高峰時也是最危險的時候，經常被讚嘆，很容易起傲慢，也很容易得罪人而不自知，因緣就散掉了。時時有謙卑的心、感恩的心，善的因緣會繼續聚集。

不過，如果不是打從心裡，就虛僞了。認知決定你的態度，如果你打從心裡就不認爲別人有幫助，你的謙虛只是做做樣子。

23 人在高峰的時候要「戒傲慢」，避免傲慢而墜落谷底，一旦如此，這個心情要怎麼去消化？

凡事都是因緣的成就，今天會掉下來，是因緣讓你掉下來。你當時是怎麼爬上去的，也是因緣成就你爬上去的。所以，掉下來未必永遠都在低谷，只要深深地省思墜落下來的原因，就有可能再爬上去。

即便真的巔峰不再，你要理解，它是因緣，它沒有絕對。我們一直很想要把握那個絕對，那是虛妄的，你畫了一個虛妄的框框，把自己鎖在框框裡。

佛法講，「隨遇而安」。

生命智慧

聰明的人看似老天的祝福，卻有很難的功課要修練：戒傲慢的心，懂得藏鋒。在生命成長的過程，容易出言傷人，破壞關係；也會因此受傷，包括眾叛親離。

富貴之人是盲人，看不到生命的全貌。

24

我在佛陀誕生地藍毗尼旅行時，走到他出皇城的那扇門時，感觸挺深。他從此告別，不再是王子。在中國，則有富家子弟李叔同的決絕出家成爲弘一法師。他是留學日本的才子，不只在美術、書法成就，更在音樂，寫下流傳百年的〈送別〉。

人，何須鄙視榮華富貴？師父，榮華與富貴，不好嗎？

弘一法師沒出家前，受到多少人的讚嘆、尊敬。這樣的他放棄優渥，全部放棄，赤裸裸的，在杭州剃度出家。他修的律宗，持戒很嚴，修苦行，是最難、最難修的。

佛教不是強調人要出家，世間的經驗也很重要。只是，順境的人會太把生命的擁有，視爲理所當然。富貴修道難，人生有時候太舒適了、在榮華富貴的時候容易迷失，慢慢執著於外在的境界，譬如被羨慕啊、被讚嘆、被捧啊，內在慢慢被侵蝕。

25

長亭外古道邊，芳草碧連天。晚風拂柳笛聲殘，夕陽山外山。
天之涯地之角，知交半零落。一瓢濁酒盡餘歡，今宵別夢寒。

才華絕世的李叔同，卻長期被神經衰弱折磨，榮華換不到一夜好眠，一個平凡人的擁有。

苦惱與迷惘中，他接觸佛法，領悟很多，從斷食吃素開始，一年後出家，決絕而去。他看淡身外之物，贈出所有字畫、金錶、書籍。三十八歲後成爲弘一法師，薄衣寒食過日，躁動的心安定了，連鞋子總共只有七件衣物。他過午不食，即便吃飯也是燙青菜加鹽，連油都無，比較貴的香菇與冬筍都不吃。老友夏丏尊描述此時他的生命境界，挾起一塊蘿蔔都慎重而開心：「人家說他在受苦，我卻說他在享樂，蘿蔔白菜的滋味，怕要算他才如實嚐得了。」

他慈悲，不殺生做到極致。坐在藤椅前，會先搖晃一下，只怕自己不慎壓死藤椅裡的小蟲子。

弘一法師辭世時，留下的一件僧衣竟有二百個破洞補丁。他被尊爲佛教律宗第十一世祖。

從翩翩公子李叔同到高僧弘一法師，看破榮華富貴。但是，連妻妾都沒訣別，未免太狠了？我真是無法理解，好狠啊……。

是狠的。看起來很決絕，但他不是只對他太太這樣，不是。他是用最嚴厲的修行，來對自己。因爲他是感情非常豐富的人，他要怎麼走出來？他自己不見得有能力走出來，內心裡肯定有很多不容易打破的框框。用這麼嚴格的律宗去苦修，自律要很強的，看起來對身邊的人是狠。

富貴的人，是生命當中的盲人，他看不到生命的全貌，被切割了。並沒有探索、碰觸到真正的生命，看似富裕，其實是狹隘、封閉，甚至貧乏。李叔同選擇離開舒適圈，找尋全然的智慧。

26 李叔同認知到生命的真正快樂，不是表象的榮華富貴？

是，他是。對生命的了解愈深入，人生才會走得愈自在愈快樂。

27 身處榮華富貴，一旦遇到生命難題，比一般人衝擊更大……。

是。他不接受就不接受，想要推開那個境界。但有些事情不是想推開，就可以被推開。生命中的難題必須冷靜地用智慧判斷，不是處在情緒裡。恐懼或焦慮下，往往會看錯，反應出來的就是一個負面，就把問題弄得更複雜了。

28 冷靜不易，從容不易。弘一法師說：「人生哪能多如意，萬事只求半稱心。」順境之人怎麼懂這樣想，但是，也不必要為了怕經歷逆境，而先找苦啊？

不是先找苦，而是你不能臨時抱佛腳。平常如果沒有鍛鍊心性，這個時候是不太容易處理得好，平常就要把心建設好，在面對大風大雨啊、苦啊的時候，才有辦法走過去啊。

碰到狀況的時候，懂得讓心去接受、先慢下來，這是第一個階段。這個因緣會發生，與我絕對是有關係，才會發生，否則不會遇到。這就是我的生命功課。

接受之後，第二步，就是思維判斷。

覺察就是Collect data，收集足夠時，要去分析這些資訊，進而抉擇與判斷，應該要怎麼處理。

如果平常都不做修心的功課，就會交出不及格的生命成績單。遭遇好或不好，是其次。我們如何去「面對它、理解它、處理它、跟它相處」，這個才是重點。

29

生命無法「挑食」，沒得挑，酸甜苦辣都有。李叔同生於富貴之家，也經歷家道中落，財富的無常。我很喜歡李叔同所說：「人的福氣是很微薄的，若不愛惜，將這很薄的福享盡了，就要受莫大的痛苦。」

這是順境人生無法體會的。一般人「只要好的，不要不好的」，這個過程我們有沒有學習？怎麼去處理它，怎麼去面對它，這就是人生的功課。富貴會麻痺人，看不到生命的實相。

確實不需要主動找苦受，但是，當有機會參與別人生命的苦難，譬如救災，間接但深入地面對苦，既會被提醒也在其中學習，原來生命是這樣地苦。內心就在慢慢被建設，等到哪一天自己真的面臨大災難，因「心」已經準備好，就不慌、不亂，很強壯地去承擔考驗。

唯有心的壯大，能讓人在世間不被煩惱動搖。人會變得勇敢，面對困境，不畏懼，心性會坦然接受生命的不順遂。

參與別人的苦，在佛教觀點，是在修福報。

30

我想起，夏丏尊到杭州探望出家後的老友，來到弘一法師外宿的地方，看起來不太好。他問：「昨晚睡得好嗎？蟲子多吧？」弘一法師回說：「還好還好，小蟲只有一、兩隻。」有蟲子的床褥，肯定不好睡，但是弘一法師卻自在，真是不容易，我看了很感動。

還有一個故事。朋友來，一起吃飯，挾起鹹菜，哇，怎麼那麼鹹，很難入口啊。他問弘一師父，你都吃這個啊，怎麼吃啊？他回說：「鹹有鹹味，淡有淡味，就是隨順。」

弘一法師修到最後，那種柔軟喔，那種透澈，面對很多的狀態，他沒有像一般人會抱怨、不滿足、煩惱，他把心建立起來了。

柔軟也是一件功課喔。現在這個社會的人就是不太柔軟，內心是很封閉的，很狹隘的，不願意讓出空間。

31 後來，他與印光、太虛、虛雲和尚並列「民國四大高僧」。修到後面，他的心性全然反映在他的書法？

他一開始寫字，龍飛鳳舞。但晚年寫字，寫到沒有任何火氣，圓融內斂，沒有稜稜角角。一看就知道這弘一大師寫的，它是圓圓的，每一個筆畫直線下來，圓圓的、緩緩的，沒有什麼火氣。

生命智慧

李叔同二十六歲時，四十出頭的母親去世，她是大家族裡的妾。他回顧母親死後到他三十八歲出家，外人看似意氣風發的人生，卻是「不斷的憂患與悲哀」。他在這年去日本留學，給自己取了一個名字「李哀」，反映出他出家前的心境。

練習慈悲，慈悲就是同理心。

32 社會充斥很多憤怒的人，易怒成爲現代人常態，內心怎麼了？

憤怒是破壞，非常、非常負面的，會帶到很苦的地方。佛教《華嚴經》說：「一念嗔心起，百萬障門開，火燒功德林。」嗔，就是憤怒。一點點善的功德基礎，一把怒火就會把它燒掉，甚至惹禍上身而不自知，傷人也傷己。

憤怒可以解決一些問題，但是會留下疤痕，不容易復原。就像開刀一樣，非萬不得已爲什麼要開刀。

因爲執著了，內心焦慮了，很多苦惱都出來了。只看到「我」的角度，沒有站在他的角度去看，憤怒很容易跑起來。

當我們投射期待、價值觀，在別人身上的時候，期待落空變成情緒，就受傷，就苦了。「我執」於別人應該如何，但是當他不是這樣子想，兩個人有落差，「我」不接受那個落差，就會有衝突。於是這裡打個叉，那裡打個叉。

我、我、我……人要學習去理解不同的價值觀，但我們都希望別人跟我們想的是一樣。

這是妄想。佛出生的時候，走了七步，他說：「天上天下，唯我獨尊。」唯我獨尊的意思不是說「我最大」，而是「是獨特的」。每一個人都是獨一無二的，既然沒有一個人跟我一樣，卻下意識地去期待別人跟自己想法一樣時，這是奢求，並不成熟。

要學習不越過那條線。這在愈親近的人，比如親子之間，發生機率跟頻率愈高。「我期待你做什麼」，這不行。父母在上位，覺得孩子應該聽我的，因爲是上下關係嘛，孩子就被動了，他會抗拒，關係就僵了。

33 人的不適當期待落空了，產生憤怒，從親子關係，甚至對陌生人都會無限地擴大。經常會看到一些網路飆罵的影音，譬如在捷運上「正義之神上身」狂罵，完全不理會對方情況。憤怒的人，心性功課如何化解？

練習慈悲，慈悲就是同理心。慈悲不是「我認爲」該怎麼樣，真正的慈悲是一種關心，非從自我的角度出發，而是從他的角度去看待。

事情處理，從柔不從剛。

不是用剛硬的、尖銳的。剛硬，會讓人感覺你是敵人，造成對立，馬上讓對方啟動保護機制。

34

憤怒的人，內心的負面能量很大，看什麼都不順眼。相對地，有些人就是滿滿正能量。我早上去健身的路上，經常會碰到一位掃街的婦人，她一邊掃馬路，一邊與路人道早安，那總是我當天收到的第一聲問候，聲音愉悅。我很羨慕她有這麼大的正能量。

這是跟大家結好緣。我們一般想到的布施，以爲是物質。其實，不是「我是有錢人」才能夠做，誰都可以做。它沒有那麼難，一句好話、一個微笑都是結緣，都是布施。終生結緣，福德就慢慢會累積。

但是有人一句好話都不願意說、一個微笑都不願意給。爲什麼？他從來沒有想過，要帶給別人什麼好處，連微笑都吝嗇。

一個人內在是負面狀態，那聲「早安」講不出來，人是無情的、指責的，距離會越來越遠、冷漠，身邊爭執越來越多，圍繞負能量。

一個真正成功的人是有熱度的，溫暖的。探討人的成功與失敗，成功的人絕對不只是運氣好，是累積很多福德、好緣。反之，失敗的人也絕不是懷才不遇。苦，會教育他。苦是生命中最好的老師。

35 師父談「苦是生命的一部分」，我要請教：憤怒，來自於「我執」產生了苦。這是修智慧嗎？

是啊，是修智慧啊。

人爲什麼會煩惱？因爲有「我」，凡事從我出發，把我放得很大，然後與境界對立，就可能因爲「我」而傷害其他人。人如果沒有愛心、沒有慈悲心的時候，在他的世界中只有「我」，這樣自私的人，好相處嗎？他的貪嗔癡煩惱，一定會經常侵犯觸惱他人，也會被他人疏離。

36 換一個角度，有些苦是別人給的，我們被惡意中傷，怎麼辦？

怎麼一點保護自己的能力都沒有？人家罵你或惡言重傷你，爲什麼就讓那句話直接闖進心裡，連擋一下的功力都沒有？爲什麼要把罵你的話聽得那麼清楚？就是聽得太清楚了才煩惱，如果是一個外國人講你聽不懂的話，就算他罵你也聽不懂，還會起煩惱嗎？

佛經比喻，一個有智慧的人出門的時候下雨，會撐傘。路上有尖銳石子刺傷，會穿鞋。現實生活在可能會刺傷你的情境，要知道遮擋。有智慧的人，當他遇到苦或煩惱的境界時，不會讓苦直接刺到、往心裡去。

能擋一下，是有智慧的人。沒有智慧的人，就讓它闖空門，直接闖到內心，刺進你的心。

愈認識煩惱，你就愈有動力去消滅；愈不認識煩惱，你就愈可能認敵爲友、任它擺布。

煩惱不是別人給我們的，是自己成立的。

37

搭捷運都能看別人不順眼、生氣，這樣的人生怎麼會快樂。如果每天都感覺生活不盡如人意，這該如何自修智慧？

這是自我覺察的問題。想離開苦的人，就會想方法。如果不想辦法脫離，就會逐漸習慣於苦，那個苦是熟悉的境界。

比如被罵了，然後你很痛苦，常常想起那句讓你痛苦的話。爲什麼你又想起？不是在自我虐待嗎？自己爲難自己。別人傷害你一次，但是你傷害自己無數次，因爲你不放過自己，根本就是因爲你一直抓著它不放過。

他講過，就已經過去了，爲什麼你還把它記在心裡面，那麼久，一直重複地想、重複地想，一次一次地被傷害。

38 被負面影響，自己也捲入負面情緒，人好笨又好傻⋯⋯。

我們是想快樂的，爲什麼盡幹這種愚笨的事情？那個是垃圾情緒，應該趕快丟掉。不要想那些負面的。

我的快樂跟痛苦，不應該由別人來決定，不應該由反應來決定，不應該由環境或別人來決定。他人可以做任何事情，但「我是不是要痛苦？是不是要快樂？」，我決定的啊。

但是我們常不自知地把主控權交給環境，然後說「我很痛苦」。爲什麼他怎樣，你就要很痛苦？因爲你已經交給他，沒有自己掌握。

要做自己心的主人。平常，要練習將心安住。平時如果沒有鍛鍊心的強大，心沒有力量，面臨問題就無法做出智慧的判斷。

39

一個有意思的現象，人們關心財富、名車的精力，似乎比關心「自己的心」還要多，疏忽了真正的快樂才是一切根本。

心，是最靠近我們的，我們每一天、每一剎那都在用它，卻對它非常陌生。

快樂的人生，是一趟內在的生命旅程。佛教論典《瑜伽師地論》談到，很多煩惱是不經意造成，所以要常常去了解心的狀態、心的樣子。不是外求，而是內在的探索，所有的成就都要靠自己，從覺察開始。覺察煩惱長得什麼樣。

如果都不知道，怎麼有辦法處理它？譬如一個賊闖入你家，你認識嗎？還是誤以爲他是朋友？所以要清楚知道「它」長得什麼樣。這種覺察要培養，從觀察情緒開始。

每一個當下都可以做這個功課，要把自己變成第三者，一個局外人在看自己。

煩惱來了，可能會憤怒，先覺察。魔是很會說理的，他會告訴你，你是對的，別人是錯的。煩惱，也像一個惡霸，它要你往東，你就不敢往西，它指使你。

如果，自己的心自己作不了主，就會被煩惱帶著走。

我們要超越它的束縛。

每次看到煩惱來了，跟它打個招呼：「你來了。」然後如木人看花，煩惱在你面前如何刺激引誘，你就是不反應。僅僅是覺察，原來還有這種想法、這種思維、這種感受，也會愈看愈清楚，原來內心世界是如此。看懂了，就知道《金剛經》這段話的意義：「一切有爲法，如夢幻泡影，如露亦如電，應作如是觀。」每一次面對考驗的時候，心定，不立刻反應。

很快地，就會離開讓你生起種種不快的現場。當情緒過去，你已經不再用煩惱回應，而是用智慧回應。

40 所以，在事情的當下，情緒要遲鈍？

遲鈍只是一時的。

當下的情緒容易被境界影響，這時候，不接受，不要把它接納進來。遲鈍一點，當下情緒波動就不會那麼大。

智慧，就是要穩定心情，放鬆的、客觀的一種理解力去處理。當我們在情緒中，會失焦，真正問題看不到，東扯西扯，弄到最後，亂成一團，問題就會越來越大。

所以說要慢一下是這個用意，遲鈍一點是這個用意，不是叫你完全不處理。

慢一點，才不會自以為是。慢一點，你就會有彈性的空間，用智慧去回應境界。

41 追根究柢，還是心的安頓，一個摸不到，卻最重要的東西……。

沒錯，心安頓好是很美好的、處之泰然的。「譬如人遭惡風雨寒熱，亦無所嗔。」即便遇到狂風暴雨，不會怨誰，不起煩惱，因爲大自然就是這樣，生命也是這樣。

我們的心，本來是很簡單的，但是因爲跟境界互動的關係，產生各種念頭的煩惱，不快樂了。活在世間，不可能不跟境界互動，生存也必須要有這些東西。透過這些境界來磨練自己，就是智慧。

慢慢地找回本心，就是生命的旅程。

生命智慧

心，平常要鍛鍊的。生活是在每一個當下，面對每一個問題時，怎麼去處理、怎麼去超越。如果我們總是被動地等到苦來了，才要去解決，那其實是因為心沒有能量，已老化和弱化。

在很深的挫折中，如果你沒有被殺死，會轉換成一個更大的力量。如尼采所說：「如果殺不死我，我必然會更強大。」

勇敢是自我肯定，對內、也對外。
對外是方法與目標的信心，
對內是對自己的信心。

42

師父，你走的路都很困難，怎麼專挑難走的？尤其，現在到一個落後的山國建沙彌學院。你天生就是勇敢的人？

不是的。我是凡人，以前遇到事也會退縮、想放棄。人爲何會放棄？如果做事太怕達不到，就會有退縮的念頭。我後來從佛法理解到，過程才是重要的，如果在過程有所學習、有所成長，我已經達成目標。最後的目的，那是自然的，方向是對的、夠努力，它的到來只是早晚的問題。

43 **我們在喜馬拉雅山下談「成功」，構成成功的重要特質是勇敢、無懼，相對的是怯弱與恐懼。人的恐懼從何而來？**

人會恐懼失去，恐懼面對。人性上，在面對事情的時候想要把握所有，害怕失去掌控、害怕失敗。所以有人做一件事情，會反覆沙盤演練很多遍，內心必須有很大的盤算，才敢去跨出那一步。

沙盤推演不是壞事，但是過多了，就會裹足不前，失去先機。

44 **恐懼失敗而裹足不前，這是呼應愛德華．瓊斯（Edward E. Jones）和史蒂芬．柏格拉斯（Steven Berglas）發現的心理學論述「自我設限」（Self-Handicapping）。求學時，有些學校成績很優秀的人，後來的社會成就卻平平，為什麼？他的自我設限。因為害怕失**

敗，所以他不敢去設一個高目標。

在學校時，學校會設定考試目標，但進入社會，自己要設目標時，他不敢設高目標，因爲擔心達不到，於是降低目標。做簡單的，這樣就不會失敗，這就是高學歷低成就的人的問題。勇敢，這是學校沒教、也教不來的一堂課。

是。一個人如果乖乖的，不敢冒險，面對問題的時候也就是很謹慎，盤算很多遍，才敢跨出，擔心跌倒或者被責備、做不到。

開創者是比較調皮的人，他敢冒險，沒那麼擔心眼前有那麼多困難。就算跌倒，沒關係，他會再爬起來。

有人問我，爲何會叫菩薩寺？菩薩有什麼性格？菩薩的本質就是不怕苦、冒險犯難的。祂種種的學習，都是爲了讓自己的生命經歷可以更豐富。祂可以發願到地獄去，如果沒去過地獄，沒辦法陪伴地獄的人。菩薩就是自找苦吃的人。

45

成功不容易，信念好的人但沒有勇氣，結果不會發生。師父的成長歷程也是這樣嗎，一直破框？

我一直都是。我不願意受「虛」的東西困住。

爲什麼很多人的生命缺乏勇敢？信心足夠才能勇敢。現代人資訊太多，什麼都可以，常常猶豫不決，勇敢就生不起來。

勇敢是自我肯定，對內、也對外。對外是方法與目標的信心，對內是對自己的信心。

46

勇敢雖然是成功的特質，但如果沒有正確信念，是更大的恐怖？

很恐怖喔。勇敢的人很多類，也有些是無恥、愚癡。

勇敢並不是鬥勇。

47 勇敢並不是鬥勇。在尼泊爾的拓荒之路，你也經歷「另類勇敢的人」的威脅……。

尼泊爾有一個黨派稱爲毛派，共產主義政黨，比較暴力傾向的黨派，屠殺、迫害很多不認同他們的人。自從二〇〇一年尼泊爾皇室發生王子殺盡國王王后等慘案後，政局不穩定，毛派想激起基層的人來，持續很多年動盪。

他們暴動、放炸彈都有，曾經掌控三分之一的尼泊爾。人們害怕，就湧入加德滿都，造成首都的人口爆炸，房子建得到處都是。

最近，毛派來菩薩寺「強迫募款」，不是徵詢，而是就要你給。我們工作人員就很害怕。

48 這不就是繳保護費？毛派蠻囂張的……。

對啊，我說，在尼泊爾就是你們這種人太多，太容易被恐嚇、膽怯、沒有正義感，隨便就妥協，當然他就一路壓迫啊。我說，現在又不是無政府狀態，你怕什麼？遇到就處理啊，我也沒錢。

49 你真是蠻勇敢，在人生地不熟的地方，要面對政府的沒效率，還有地下老大？

勇敢有類別，也有層次，大勇與小勇。看你的信心到哪裡？有人生命被威脅就退了，有的錢財被威脅就退了，不同層次的障礙。看能承擔到什麼程度？

有人到生命被威脅都無懼，這就是很高的境界。

有人稍微碰到狀況就退縮，甚至人家口氣稍微不好，就退縮了。

尼泊爾從來沒有戰爭，只是局部政變，人民不好戰，面對問題膽怯，不願意挑起衝突，於是放任在上位者隨便亂搞，因爲沒有人民監督、嗆聲啊。政府官員可以把你的電偷去賣，人民乖乖的沒有聲音，國家怎麼能改善？有權力的人怎麼可以占領大眾利益，去滿足一己私利。人民普遍是怕事、溫和，私底下抱怨一堆。

50

一群不願意惹事的人，造就貪腐的政府，也造就游擊隊毛派勢力坐大，形成更大混亂、國家的貧窮與積弱。一個缺乏勇敢的土地。回到勇敢的個人境界，螞蟻尚且偷生，更何況人，但是有些改革者身上展現勇氣的最高境界是「無懼」……。

對。如果連死都害怕，革命怎麼會發生？

勇敢的最高境界，置之死地去做事。被境界威脅時，他不退卻。

這很難，必須在生命中累積修爲、能量，不可能一下子做到。

探險家索爾・海爾達（Thor Heyerdahl），在一九四七年，從秘魯出發，模擬古代印加人的木筏航行，在波濤洶湧的南太平洋無動力航行，唯一現代技術只有無線電。餓了，從海裡捕魚；渴了，竹管貯存雨水。

跌破所有人的眼鏡，一百零一天的無動力航行，他成功到達法屬玻里尼西亞群島，創造航海史的奇蹟。之後，他寫下《康提基號海上漂流記》（*The Kon-Tiki Expedition*），更被據此拍攝成電影。他直到八十八歲去世前還在參與探險，老先生說：「人本來沒有極限，所有的極限都是自我設限。」

真正的放下，不是放棄一切，
而是捨離內心對一切的執著。

51 小時候很會打架的光師父，曾經很叛逆，因爲愛的匱乏，內心缺了一塊。可以這麼說，你好打架，反映自卑、宣洩憤怒。我的形容適當嗎？

是。我不讓別人看不起我，我要把看不起我的人打趴，甚至會拳頭打到人家流血。一個孩子在發洩無以名之的憤怒。我怨恨生父，恨他爲什麼要把我帶到這世界，又不負責任？從小，在我的心裡，沒有父親這個角色。

52 **怨恨，這個詞表達得很強烈。這個憤怒住在很深的心裡，從出生帶到你將近三十歲，出家多年後才放下。很不容易的心路歷程，怎麼轉化、慢慢消除？**

接受，要接受你的生命。用一個比喻，我們在路上走，看到很不舒服的一個風景，生命的路還要繼續往前走，爲什麼我們一直把那個風景記在心裡？然後被絆住，一直活在陰影底下，不能再去欣賞快樂的風景。

不應該這樣子，它只是生命的一部分。不原諒它，它就是在那裡，不會消失啊。其實，我不只是放過它，更是放過自己。

53

人生很難的，就是被情緒絆住。與其說「被絆住」，更貼切的描述是自己不放過、不掙脫出來。

無法原諒生父的尷，造成你「不斷打架、問題兒童」的童年，如果沒到美國，很可能就在台灣的社會底層，甚至混跡幫派？

不是所有帶著憤怒長大的人，都能像我這麼幸運，生命能有轉折，沒有被往下拉。

苦苦惱惱是一生，爲什麼要苦惱呢？爲什麼要執著呢？

放下執著，這是很難的一個功課，人生的苦，都離不開「貪嗔癡」。癡，就是執著，比如說「我被傷害了」。

以「我」作爲主體，這是煩惱的根源。現在的人都把「我」放得很大，這就是所有的苦。我也曾經如此。

我執的根本解決了，枝末的問題就能隨之解除。就好像一棵樹必須砍根，煩惱的枝椏才通通會枯死。如果只是一昧地處理枝末，這邊砍斷，那邊又生出，根本沒有解決，只會陷入無盡的輪迴循環。

54 有方法處理「我執」嗎？

放下。

真正的放下，不是放棄一切，而是捨離內心的執著。手要自在。這個手譬喻你的心，要提得起來，也要放得下去。如果只能拿起來，或者只能放下去，這個手就是殘廢的。不然的話，我們在這邊磕一百個頭，也沒有用。

生命的過程，本來就是不圓滿，差別在於我們是否允許它通過？只要允許了，就會有意義。我在探索自己的生命，有這樣的啟發，反映在建築菩薩寺時，也是同樣的態度。

人們到這裡來，會好奇有爬牆虎爬了滿牆紅與黃，真是好看，爲什麼？因為這道牆面是不光滑，它才抓得住。我們原先以為的缺陷，因為接受了，它就變成有價值。

55 不執著，不只在煩惱，對於美好的事也不能執著、戀眷。不執著是很大智慧？

是。

禪宗茶道，就是在透過不同茶，品不同狀態。但有的人，品到後面，只喝好茶、頂級茶，這就執著了。這就失去「茶道」意義。

人生像吃飯，只是經驗而已，你的生命會豐富是經驗的積累，緣起也會緣滅，無法一直保留那個狀態，無法強求。

關鍵在經驗，不要經驗而執著了。

有些人很成功，還是保持衣著很質樸、飲食簡單，這不意味他不能有，而在不執著。

56 在成功的路上，在失敗的路上，都要拿得起，也要放得下，很大的智慧。中國佛教的四大菩薩之一文殊菩薩就是智慧象徵。祂爲何要以寶劍象徵智慧？

祂所手持的寶劍，是一把智慧的劍。劍的兩邊皆利，不只是治別人的煩惱，同時也是砍自己的煩惱。你來到菩薩寺二樓，大殿的正中間，有沒有注意到一尊手掌大的小佛，就是文殊菩薩。

57 有，小小的一尊。說起文殊菩薩，祂與光師父現在長時間所在的加德滿都，有很深的淵源。

根據《斯瓦揚布往世書》（*Swayambhu Purana*）記載的傳說，加德滿都谷地本來是一座「蛇湖」。文殊菩薩來到後，用劍把湖的南面一座山峰劈開，把湖水及住在湖裡的大蛇洩走，形成今天的谷地。

是的，傳說文殊菩薩開創加德滿都。你提到《斯瓦揚布往世書》，去過斯瓦揚布納特寺（Swayambhunath）嗎？這座古寺超過千年，現在是加德滿都列爲世界文化遺產的一部分。儘管是佛寺，但很多印度教的國王曾經向這座寺廟致敬，留下建設。

58 我去過，但不太喜歡，對於佛寺印象也不深，只對髒亂、老鼠爬行有印象，哈哈。我知道它的佛塔有十三層高，象徵修行的十三層境界。圓頂用兩萬公克黃金鍍金。猴子很多，這也有印象。

那是所謂的聖猴，傳說是文殊菩薩的頭蝨。在加德滿都還有另一個文殊菩薩的傳說，祂把湖水洩了後，還在這裡建立了一座城，就是今天的帕坦。

59 **千年古城帕坦，那裡我喜歡，也是加德滿都被列爲世界遺產的一**

部分，是「世界上最古老的佛教城」之一。文殊菩薩除了手持智慧之劍，還坐在獅子上，爲何祂的坐騎是獅子？

我們的煩惱如獅子一般猛烈，要靠智慧坐在上面。當你了解煩惱的本質也是虛妄的，轉念了，它的結構就鬆動了，就垮了。怎麼讓它的結構鬆動？用智慧。

60

這難啊。白話一點發問，如何讓混亂的心靜下來、安定下來？

定的功能就是靜心，包含兩個層次：一個是靜，另一個是淨。先靜心，讓混亂晃動的心安靜下來，一旦靜下來，煩惱就慢慢沉靜下來、落下來，清淨就會顯露，智慧也從這裡生出。

世界上最大的財富就是快樂，你心中是否有這樣的財富？或只是像一個貧窮的人，用憤怒燒光自己的財富？縱使擁有再多金錢也買不到內心的快樂。

執著的人，也經常受困在憤怒中，去到哪裡都會將煩惱帶給別人。就像烏雲，飄到哪裡，黑暗就去到哪裡。

柔軟會把因緣建立起來、經營得更好。

61 師父，你中學時候，自學就能學會代數。我猜想，你早年是驕傲的人，我的理解對嗎？

年輕的時候，確實是驕傲，也剛硬。對於驕傲、剛硬的人，柔軟其實是一個很大的力量，一般人以爲柔軟是軟弱，完全不是。

老子的《道德經》[17]有很精闢的見解。老子觀察水的種種特性，以水作比喻，他說：「上善若水。水善利萬物而不爭，處眾人之所惡，故幾於道。」

為何若水？老子認為，做人的最高境界能像水一樣「都可以」，能屈也能伸，動靜皆宜。沒有水就沒有萬物，它滋養大地，這麼大功勞卻不爭功。停留在汙濁之地，沒有人喜歡的地方而無所謂。

不爭、不計較，水不主動去爭，它被動的。乍看什麼都沒獲得，往往卻能有「不爭之爭」的境界，成為最後的贏家。

不只如此，水還有很多特質：它謙虛地往低處流、沉靜時如深淵。它隨形變化順應環境，能夠方也能圓，可以在固體、液體、氣體間轉換，遇冷變成浩瀚冰川，遇熱蒸發成為氣……。

沒有多少人能到達的境界，但是，水以它的柔軟做到。

62 **水看似柔弱，但到極致，卻更勝剛，這呼應師父所提的「柔軟是很大的力量」……。**

是。老子在《道德經》也說：「天下莫柔弱於水，而攻堅強者莫之能勝，其無以易之。弱之勝強，柔之勝剛，天下莫不知，莫能行。」天下最柔弱的，大概就是水了。沒有比水還更柔弱的。萬物最硬，莫過於石頭，但是滴水是能穿石，石頭都沒轍，都要投降。又比如一幢幢房子，龐大巨物，當遇到土石流來時，瞬間被沖走就像紙製玩具。這就是柔弱勝剛強。

世間人都明白這個道理，卻很少人可以做到柔弱。

63 爲什麼？

因爲世間人總是不喜歡「輸」，或者爲了面子，或者逞強忍不了一

17 春秋戰國時代的思想著作《道德經》，五千字，被譽爲「萬經之王」，被尊爲治國、齊家、修身的經典，深遠影響兩千五百年。唐太宗還命人把它翻譯爲梵文，如今翻譯國際語言版本已難計。

口氣，寧願火車對撞，也不示弱或柔弱忍讓。

64

柔軟，聽似簡單，但至深智慧與修練。老子在兩千五百年前就從大自然草木、人的領導、身軀的成長，有所領悟。人，能保持如嬰兒般柔軟嗎？

老子說：「人之生也柔弱，其死也堅強；萬物草木之生也柔脆，其死也枯槁。故堅強者死之徒，柔弱者生之徒。」

初生的嬰兒，身體如此柔軟而能長大。但是到老時，身體卻僵了硬了。草木也是，世間萬物道理相通。

老子認爲，以人和草木的生死爲例，告誡領導者「貴柔戒剛」，這是人在高峰最容易忽略的智慧。學習如嬰兒一樣柔軟，如水般謙卑，才能「物來順應」。

放大到領軍作戰也是，用兵逞強容易失敗，自取滅亡。「是以兵強則不勝，木強則共。強大處下，柔弱處上。」

65 人要柔軟，柔軟的具體樣貌是什麼？

它包容一切，不是對立的。

它不偏執，就是觀察，接受各種的因緣，然後去調整、超越它，再創造新的因緣。這就是柔軟。

它也是允許的。不柔軟，是沒有辦法允許改變。如果內心是沒有空間，就堵死很多機會。

66 回到開始的問題，驕傲從何而來？始於自信會變成自傲，然後一意孤行，最後會狠狠摔了一跤。狠狠摔了一跤之後，有人是更多的怨嘆。有人是覺察，重新站起來。

究竟該怎麼修柔軟，尤其是剛硬的人？

柔軟，是要具有巨大的內心空間去包容，才能柔軟。當對方有爲難，你已經有慈悲心看到，這就是站在他的角度，而不是只站在自己的角度。它是同理心，柔軟會把因緣建立起來、經營得更好。

當我們願意打開空間，沒有鎖死，沒有封閉起來，就能看到契機，能看到不同世界、不同的因緣。

67 師父經常談到心的空間，它爲何重要？如何檢查自己的內在空間是否寬廣？

一個人快樂與否，是內在的空間是否寬廣。如果空間寬廣，可以容納很多，心情是放鬆自在的。但內在是狹隘的人，他是窘迫的，把所有的一切抓得很緊，因爲內在是貧瘠的。

願意分享，是一個指標。願意分享的人，內在肯定是豐富的、滿足的，所以才有餘裕分享。

68 人，爲何不柔軟？

就是把「我」看得太大、太優先。

當看到喜馬拉雅山腳下的天災不斷，這麼多的家破人亡，眼前的堅持或執著，顯得多麼微不足道。

佛法談柔軟，不代表佛法沒有剛強的一面，只是它的選擇次第，選擇一開始用柔的方法，緩和處理；避免不必要的問題，圓融地處理。但是必要的時候，它還是會很剛硬喔。這就是生命。

當一個人在修慈悲過程，同時，也在觀察內心的風景。會看到以前的自己是怎麼樣，現在的自己又是怎麼樣，內心的一種變化。

你內心的空間打開了，放鬆了，才能自在，才能快樂的，然後可以容納很多的東西。東西進來，你是容易接受的，你的內在是豐富的，就會願意分享。

山國旅行，結束在與光師父的「六十八問——七大生命智慧」對談。雖然我必須飛回台灣，但是緣分才正開始。

歸
生命源頭

⋯⋯

結束喜馬拉雅山國的旅行後，我飛越半個地球，到南美洲的另一座高山——安地斯山。

一個月，與兩座世界之最，「世界最高山，世界最長山」見面。

很刺激的夏天，腦子裡住進兩座大山。

它們是山，也不只是山。

山在說什麼？

我在安地斯山，踩踏在的的喀喀湖(Titicaca Lake)的巨型莎草之島，想著喜馬拉雅山的高山杜鵑森林。

我喜歡南美洲，多次去過醞釀印加文明的安地斯山，但以前沒認真地感受過它：「就是一座山嘛。」這次因為先去了喜馬拉雅山，再去安地斯山時，開始能感受每座山的獨特。

想著光師父總說的「慢一點」，匆促的腳步自主地放緩，匆促的心比較落定，山的面孔便立體了。安地斯神鷹在山谷間盤旋，石頭堆壘的層層梯田，馴化出人類第一個可食的馬鈴薯。三三兩兩的羊駝，是山間的詩。

山裡，往下再往下探，一千兩百公尺深處是世界最大的銅礦脈。還有金、銀礦，吸引騎馬而至的歐洲掠奪者。

兩山之後，回到台北，心仍留在高山上。

城市緊湊，放緩不易，我買了一個喜馬拉雅頌缽，一個古銅色的老缽。

光師父則多半是在喜馬拉雅山國，繼續建設沙彌學院，偶爾回到台灣，我們就續聊。

臘八節之後，我見到光師父的母親，從美國回來的月香。

聊起「露西」時代的往事，似曾相識的場景，也喚起我的童年。

第六章
回到台灣

快樂的種子
來自你的心

凌晨四點的第一口臘八粥

元旦中午，光師父從尼泊爾回到菩薩寺，爲了每年臘八粥的冬季發放。我南下菩薩寺，與光師父進行最後一次訪談。一樣坐在小禪房，玻璃窗外，冷雨漆黑，門口老梅還沒開白花。

雙手合十，我問候略有疲倦的光師父。

過幾天就是農曆十二月八日，臘八節。我以前腦袋裡真沒佛陀成佛日的概念，不知爲何佛寺要做臘八粥？

師父說起典故。佛陀成佛之前，是在苦行林裡修行，那時印度崇尚「日食一麻一麥」的苦行，目的是降低人的慾望與執著。但六年苦行，佛陀發現煩惱並沒斷除，只是被壓制。

有一天，他聽到一位琴師跟徒弟說：「要彈出美妙的音樂，絃不能繃太緊，也不可以太鬆，要調得剛剛好，才能悅耳。」佛陀豁然開朗，苦行就是緊繃的絃，心無法解放。於是放棄苦行。

當他來到尼連禪(Niranjana River)河畔，人非常虛弱，遇到慈悲的牧羊女將擠出的羊奶煮成粥，供養佛陀。佛吃完粥，到一株菩提樹下八天七夜打坐，開悟成道。

這天是農曆十二月初八，牧羊女供養的那碗粥，成爲佛教臘八吃粥的習俗。傳到中國，古代寺廟繼續用這碗粥慶祝，也將各種穀物加上果乾煮成臘八粥，救濟貧窮。

菩薩寺延續古習，今年要準備一萬碗粥。

這碗粥有二十三種食材，穀類就有十種，從黑米到燕麥，還有龍眼乾、棗子、蓮子……。備料是龐大工程，一星期前，三百位志工陸續來幫忙，最遠來自屏東，有專業廚師、創意工作者與董娘。

來自四面八方的人，彼此不認識，有人全程，有人只來一天，但要進入同一個狀態。

光師父說：「一碗臘八粥背後是『戒定慧』。用臘八粥來修行，把它當成動中禪。」

譬如第一天切香菇，香菇是臘八粥的靈魂。有人一朵一朵地切，但手腳俐落的人，一刀可以切二朵。節奏不一，怎麼辦？

「慢下來，一次一朵。」

這是規矩，不管快手或慢手，一次一朵。即便不同，但都依照流程的規矩，做事有順序才會流暢，這是「戒」。

有效率，不好嗎？

「不要把它當成一個工作。一位刀工好的廚師，可以切很快，就很想要趕快解決，這是慣性。雖是好意，但我們要『你在當下』。你很突出，別人很慢，慢的人會挫折，因爲快的會批評慢的。很厲害的人、心理狀態很急躁的人，要靜下來。」

安心專注在每一個動作，把它執行到位，這是「定」。

「盤腿坐在蒲團才叫修行？躺著也可以，站著也可以，走路也可以啊。禪講的是安定，心專注於你當下在做什麼，你是清楚的，心不是跑到另外一個世界。」

切菜也會有情緒。

「跟你講不要切那麼大還切那麼大、刀子怎這麼鈍、旁邊的人一直講話，各種干擾都有，已經不在禪的狀態了。如果在禪的狀況，你只是看到但不處理。我現在講的，不是解決問題，是禪修的安定。培養你完全融入，而且是覺察的，所以什麼事情發生，你都知道。比如說你有焦慮，都會看到很細節。」

師父，我是很專注的人，但情緒很容易上來，這不叫禪？

「當你的心容易被攪動，就創造另外一個空間出來了，煩惱，就在裡面滋生了。」

一碗粥有如此深意。

「大家一起做事是配合的成就。一個人縱然有領袖力，但如果沒有大家配合，再有能力，也做不出來成果。眾人要和合，食材也要和合。」

「嗯，食材，也有不合作的？」

「有喔，滷過的蓮子。」

以前菩薩寺臘八粥的蓮子是滷過的，滷過很香，但放入粥裡變成老大、變成主角，整碗粥好像只在吃它。後來改變處理，不滷蓮子了，它就合在裡面。

「一碗好吃的粥，不能太凸顯某一個明星，就像『那個突出的蓮子』。」

我聯想到，突出的蓮子，就是師父之前談的「聰明如鋒的人」。他有稜有角，在團隊中就會有狀況。

當蓮子不滷後，就是去掉稜角了。

「一碗臘八粥有許多有稜有角的食材，不只滷過的蓮子，芋頭也是。切它、煮它都是學問。太小，煮的時候就不見了；太大，吃下去那一口又被芋頭占滿了，或者沒煮熟。要怎麼去收斂它？」

剪龍眼乾，也是學問。

不能太大，否則會太甜或嚼很久。龍眼乾要剪到很小。它很黏，必須有耐心地、慢慢地剪，經常是剪得死去活來。也因爲如此，味道才這麼酸甜有層次。

「一口吃進去，大家平均地各自存在，但不干擾別人。」

「世間道理皆相通。交響樂演出，任何樂器的突出，都是破壞。」

師父點點頭。一碗粥，二十三種食材，盡是智慧。

小到一碗粥，大到沙彌學院的建校，都無法一己之力完成。

葉師姐感觸地說，一刀切兩朵香菇，就是想很快完成事情，但尼泊爾就是一個沒效率的地方。我常問師父，這到底要到什麼時候？師父說，你問我，我也不知道啊？尼泊爾是一個無法按照你期待進度的國度，只能順著它的節奏。

「加德滿都也教你智慧，對不對？混亂、緩慢，把焦躁啊，很多期待慢慢抹掉。」

那是一個大環境，形成一種文化。我們沒有真正住過山國，很難體會，從這個山到那個山，坐車都要那麼久，當地人沒有車子，完全靠走路。一天要做幾件事？根本不可能，一件事能做完已經很了不起。

爲什麼做事慢，因爲生活環境就是這樣子，養成的態度。

到山國要學慢，尼泊爾是一所學校。

這不盡然是壞事，也有好的。其實我們的心有很多能力，但被現代文明淹沒了太多、太久。到那邊會發現，也能適應經常停電的日常。

「停電十幾個小時，即便在很冷的冬天，屋子是透風的磚塊，也不會死啊，晚上就蓋三條被子啊。」

沒有電的城市，會看到滿天的星星。獵戶星座的腰帶，你每一顆都看得到。

「貧瘠，有時觸發更多的美好。被現代文明帶走的東西，都回來了。所以你再多去幾次，就會愛上它。」

一個有意思的拋問，我會愛上尼泊爾嗎？

從飯後開始聊，一看時間，將近半夜十二點，我們各自回房。二〇二五的第一晚，看不到獵戶星座的夜晚，我躺在菩薩寺的榻榻米，在依稀的雨打屋簷聲中，溫暖入睡。再過兩個鐘頭，煮粥的志工將至。

隔日四點，我摸黑起床，很掙扎。義工早已忙碌地在煮臘八粥，無酬的他們自動自發兩點就開始。

光師父嚐了第一口，不夠鹹。他是會做菜的人，從七歲就站在廚房。定調口味後，六支爐子就齊步作業。煮好起鍋後，再靜置半小時，讓粥濃稠。鍋子好重，要兩人合力抬。一鍋可盛百來碗。煮粥過程，不斷攪拌，否則會焦底。其實挺累的，須有一定手勢，我實在天資不聰穎，主廚教了又教，搖搖頭。

星星下班，天色微亮，小木門敞開。人們彎身，經過老黃栀進來取粥。一萬碗粥被陸續送出去，到董事長餐桌，也到街頭遊民的手上。煮粥者，持續掌爐。取粥者，滿心感恩。一股流動。

小小寺院，廚房窩著一群人，煮粥、盛粥、裝箱，光師父也在其中。站在爐旁，我吃下今年的第一碗臘八粥，一口入喉，沒感覺到突出的蓮子也沒有個性的芋頭，但有一盅好茶的層次與餘韻，忍不住再接一口。

一位外國和尚的發心、三百位我不認識的人的接力，成就這碗粥。小小寺院，縱有寒雨，但冬日不冷。

我想起九個月前的春陽天，初次跨入「台灣最小的佛寺、最小的門」，那碗豆腐皮齋飯，平凡食材口感渾厚。

那天，我從日正當中待至月亮升起，興起，定下夏日隨行至喜馬拉雅山國。

本以爲只是擦肩而過的逗留，卻結下與世界最高山的緣、與最貧瘠山國的緣，一切始於最小的寺院。

光師父手寫禪語

你給了就會得到更多

我的喜馬拉雅古鉢

寫書告一段落，我送自己一個禮物，一個古鉢。

與光師父多次對談，他反覆提起鍛鍊心的重要，心是煩惱的起源，也是快樂的起源。鍛鍊心與覺察，每天可以做什麼功課？

「佛法就是生活，我們真正打仗在每一個當下，我們跟自己的煩惱對抗，那是每一個當下。現在的生活速度都太快了，環境也逼著馬上要去做決定，但這很容易壞事，還壞了人跟人的關係。

要學習慢。

簡單到喝一杯茶，你能不能只是去喝一杯茶？不要想什麼，只是去品嚐那杯茶的味道。喝到那杯茶的時候，身體的反應是什麼，簡單到這樣，沒有目的。

臘八粥備料，切香菇一朵一朵切，也是專注於『你在當下』。很多時候，我們只是看到表面，沒看到水面之下，忽略是什麼造成了波浪。」

師父覺得，鍛鍊心，更重要的是在「每一個當下」練習，而不是儀式？「不是不能做儀式，儀式也是有功能的，比如說每天固定打坐，讓自己放鬆安定下來專注呼吸，覺察呼吸的進出，你就是在當下，透過這樣子的儀式來培養覺知。

但是真正要讓覺知能夠發揮，解決生命中的問題，一定要把它擺到生活裡。

修行人有所謂的五堂功課『早齋、午齋、早課、午殿、晚課』，有人以爲每天把這五堂功課做完，已經交代了。但那只是五小時的功課，其他十九個小時在幹嘛？那五個小時是必要，還是不必要？它不是絕對必要。」

師父不主張儀式，我的接連發問，會讓你爲難嗎？

「不會啦。當還沒有辦法靠自己的力量隨時覺察，可以定課鍛鍊，每天抄經、誦經、打坐、拜佛。重複動作，不要太多的想法在裡面，只要執行就可以了。在執行裡，看到身心的變化，也是覺察的培養。但是別陷入只是每天的儀式。更重要的是，可以在生活中隨時看到自己的煩惱，就不用等到晚上打坐的時候才覺察。」

對談後，我回想過去八年每天讀《金剛經》，是否陷入一個儀式？在與師父的一次次對話中，也自問，我有能力時時覺察嗎？

答案有些模糊，可能可以，但又不太有把握。

在不確定中，我聽到這個古缽的聲音，喧嚷的心沉靜下來，於是，我把它帶回家。

來自喜馬拉雅的古缽很美，缽身有二十七朵花，大大小小，五瓣或三瓣。那是花嗎？又不像花。現在工藝已不太容易做出來，它展成一幅環繞缽身的雕刻畫。

頌缽，來自喜馬拉雅山。古時工匠用山上的礦石，搭配以金、銀、銅、鐵多種金屬捶打而成頌缽。

這是源自一千兩百年前的聲音療癒。每個缽的聲音都不同，即使同一工匠同一配方，都無法複製。

我現在每天晨昏執起棒槌，一敲，嗡……。缽的震動，釋出一股共振能量，迴盪，像喜馬拉雅的深谷回音。身體定下來，專注在一「境」，氣會平均，心進入一個靜而無爭的世界。

人在這聲音，放鬆自在，安心入睡或深度冥想。

冥想中，我倒帶自己的生命。

我如此熟悉光師父描述的童年，也理解他對生父的痛惡。我的母親也沉迷於四色牌，像一匹野馬，直到閉上眼睛都沒離開牌桌。香菸瀰漫，男男女女，一張張鮮紅鮮綠的小紙牌，是她青春的歡愉，是我童年的傷痛。

尤其，她在情感上的游離，深深傷了丈夫與孩子。

在多雨的基隆，每次放學下雨，每個小孩都有媽媽撐傘來接，我總盼望那些臉孔中也能有我的媽媽，哪怕只有一次？

我曾經問光師父：「你會覺得，媽媽是不守婦道嗎？」

後來，他的母親從美國回來，我問她搖擺在兩個男人間的過往：「妳可知，妳的選擇對光師父的童年傷害很大？」

我坐在她對面，等待回答。她的語氣很平淡：「會嗎？是他選擇要來做我的兒子，不去選擇做別人的兒子，相欠債啦。」

她覺得萬般皆是命。

「妳欠他比較多，還是他欠妳比較多……？」

她，轉移了話題。

問題有些犀利，我爲什麼要這樣問？

難道，我不是在問光師父的母親，也不是在問光師父？難道，這是埋在我心裡、永遠無法對我母親的提問？

我恍然大悟，我是負傷長大。缺席的母親，缺角的家，帶給我必須提早獨立的年少，也帶給我剛毅、寧可火車對撞的個性。我討厭眼淚，也不喜歡自己的倔強。

旅行在喜馬拉雅森林，一株株被冬雪壓過的高山杜鵑，我彷彿看到倔強的自己，稜稜角角的自己。若不是咬牙、忍受寒瘠的堅強，高山杜鵑無法矗立於世界屋脊。

我在喜馬拉雅山，看到高山杜鵑，也看到自己的稜稜角角。我長大成人，但不知道在倔強下包覆結疤傷口。在與光師父的人生對話，他聊到折伏。折伏？這兩字，讓我想很久。

奔跑在成功之路，我只知剛硬，但不知人也要如水柔軟？這是我從沒認真想過的狀態。

人能剛，也要能柔。

「內心的空間打開了，放鬆了，才能自在，才能快樂的。」

誰的人生，不是跌跌撞撞？跌跌撞撞、坑坑疤疤中，有了選擇，有了不同。苦，或來得早或來得晚，這是人生必然。

我如此，光師父如此。一座山，喜馬拉雅山更是如此。

一塊不知將到何處的流浪陸地，碰撞到另一塊大陸，隆起成舉世無雙的高峰。全世界最高的山峰群都在這裡，始於漂泊而發生的驚天動地撞擊。

有些旅行，一別就是永別，從此不見。有些旅行，告別卻是再見面的伏筆。

隔年春天，我再訪喜馬拉雅山，終於看到紅花盛開的杜鵑森林。想起一開始在山國首都的煩躁與嫌棄，不禁莞爾。已分不清楚是古缽的緣，還是高山杜鵑，更或是這個外國和尚。

人生，處處意想不到。真是沒想到，在喜馬拉雅山國，我結交到一位和尚朋友。

自在，
是你的心不會受煩惱束縛

國家圖書館出版品預行編目資料

回到生命的喜馬拉雅：CEO 與和尚在第三極地對話／
王文靜 著

– 初版 . -- 臺北市：三采文化，2025.6
面：14.5x20 公分 . --
ISBN：9786263586833（平裝）

1.CST: 朝聖 2.CST: 佛教修持 3.CST: 尼泊爾 4.CST:
喜馬拉雅山脈

224.9 114004731

內頁圖片版權：
Ihor Hvozdetskyi / Shutterstock.com
Number One / Shutterstock.com
Amit kg / Shutterstock.com
A.Jauzi / Shutterstock.com
Aaditya Chand / Shutterstock.com
Ekkapob / Shutterstock.com
iStock.com / Thaishutter_2528
PHOTO / 品味私塾
PHOTO / IBS 菩薩寺

suncolor 三采文化

Mind Map 294

回到生命的喜馬拉雅

CEO 與和尚在第三極地對話

作者｜王文靜
編輯四部 總編輯｜王曉雯　責任編輯｜戴傳欣
美術主編｜藍秀婷　美術編輯｜方曉君　裝幀設計｜霧室　校對｜周貝桂、黃薇霓
行銷協理｜張育珊　行銷企劃｜陳穎姿

發行人｜張輝明　總編輯長｜曾雅青　發行所｜三采文化股份有限公司
地址｜台北市內湖區瑞光路 513 巷 33 號 8 樓
傳訊｜TEL:8797-1234　FAX:8797-1688　網址｜www.suncolor.com.tw
郵政劃撥｜帳號：14319060　戶名：三采文化股份有限公司
初版發行｜2025 年 6 月 27 日　定價｜NT$520
6 刷｜2025 年 8 月 5 日